"Comunicracia"

Si te gusta la política
y la comunicación…
¡Éste es tu libro!

Autor: Javier Galue

Primera edición en esta colección, febrero 2016

Página Web: www.javiergalue.com
Facebook: consejosdeJavier
Twitter: consejosdJavier

Amazon:
ISBN-13: 978-1523986668
ISBN-10: 1523986662

Depósito Legal M-6095-2016

A Dios y a mi familia, lo más importante…

Índice

"Comunicracia"

Muchas gracias por comprar este libro, el primero de varios que tengo planes de escribir sobre temas que me apasionan como lo son la democracia, la comunicación política, el marketing político y la estrategia. He dividido el libro en dos partes diferenciadas pero relacionadas.

Antes de comenzar con la primera parte me gustaría por favor que te despojes de cualquier prejuicio sobre la palabra "Democracia", sobre lo que se consideras democrático o no, o políticamente correcto o no ¡Gracias! ;)

Según el diccionario de la RAE (Real Academia de la Lengua Española) (Referencia: http://dle.rae.es/?id=C9NX1Wr):

Democracia

> *1. f. Forma de gobierno en la que el poder político es ejercido por los ciudadanos.*
>
> *2. f. País cuya forma de gobierno es una democracia.*
>
> *3. f. Doctrina política según la cual la soberanía reside en el pueblo, que ejerce el poder directamente o por medio de representantes.*
>
> *4. f. Forma de sociedad que practica la igualdad de derechos individuales, con independencia de etnias, sexos, credos religiosos, etc.*
>
> *5. f. Participación de todos los miembros de un grupo o de una asociación en la toma de decisiones. En esta comunidad de vecinos hay democracia.*

Ahora bien ¿Creéis realmente que España cumple estos requisitos para considerarse una democracia? Habrá muchas opiniones al respecto y sé que esto que escribo será considerado por algunos como un tema ya resuelto por nuestra sociedad...

Realmente el concepto de democracia es mucho más complejo y hay diversidad de autores que intentan concretar una definición basándola en diferentes criterios y bajo distintas dimensiones.

Parece haber un consenso en el sentido de que hay que cumplir unos atributos básicos o mínimos indispensables para que un sistema político sea considerado como democrático (Elecciones libres, sufragio universal, oportunidad de participación plena, libertades civiles...) pero de allí en adelante hay muchos más como el respeto a los derechos civiles y políticos, la división de poderes, el respeto al imperio de la ley, libertad de asociación, libertad de expresión, fuentes alternativas de información, algo muy importante como el reconocimiento y la participación de las minorías en las decisiones, el pluralismo, la tolerancia, etc.

Lo que sí me queda claro basándome en muchos autores y en mi observación personal (Para mí es algo obvio...) es que no hay una sola democracia que reduce todo a ser o no ser democrático. Hay niveles, hay rangos, hay matices... en definitiva, hay más o menos democracia de acuerdo al cumplimiento de atributos, características y variables.

También hay autores que determinan indicadores de mejor o peor democracia (calidad democrática) como igualdad política, participación electoral, proximidad, transparencia, etc., entrando además en un tema asociado al concepto de democracia que es la legitimidad.

Pero no es mi intención en este libro profundizar en el concepto de democracia a nivel teórico, histórico o filosófico, sino más bien opinar y proponer. Quiero ir a lo práctico, a lo que vivimos día a día y vemos en los medios de comunicación y redes sociales.

En España la gran mayoría sabe y reconoce que en nuestro país hay una democracia. Según nuestra Constitución la forma política del Estado español es la Monarquía Parlamentaria y la soberanía nacional reside en el Pueblo Español del que emanan los poderes del Estado. Pero ¿Cómo elegimos a nuestros representantes? ¿Somos REALMENTE LIBRES al escoger entre las opciones con nuestros votos? Entremos de lleno en el tema...

Para comenzar os propongo un escenario "ficticio":

Supongamos que en un país donde existe una dictadura se decide hacer unas elecciones "democráticas" preguntando si se quiere cambiar de régimen y pasar a una democracia real con otros partidos políticos, etc. En las dictaduras los medios de comunicación suelen estar totalmente controlados por el Estado (el dictador) y lo más lógico es que utilice todos los recursos con los que dispone de una manera exclusiva/abusiva (excluyente con el resto) para movilizar el voto a su favor y lograr así mantener el régimen que quedaría "legitimado" luego por las urnas.

Si además a esto sumamos el hecho de que en las escuelas y universidades (todas públicas y bajo su control) se "adoctrina" a los jóvenes a seguir la ideología del dictador y luego se refuerza todo eso con una campaña electoral descomunal a su favor en todos los medios de comunicación disponibles, entonces me pregunto: ¿Consideraremos eso unas elecciones "democráticas"? Porque habrá votaciones y cada quien ejercerá "libremente" y de manera secreta su opinión pero ¿Quedará legitimado el gobierno que salga de las urnas con esas condiciones previas?

Es muy probable que un dictador con decenas de años en el poder, que seguramente controla todas las estructuras del Estado, obtendrá una mayoría abrumadora de votos en esas elecciones y quedará plenamente justificado mantener el régimen dictatorial porque ha sido refrendado "democráticamente en las urnas". Yo opino que esas elecciones propuestas por el dictador, aunque cada persona exprese su opinión de manera secreta e individual, no son democráticas y el gobierno que sale elegido no tiene legitimidad. Y lo afirmo porque el proceso está totalmente viciado desde el principio y todas las circunstancias favorecen totalmente al dictador de manera injusta y parcializada (Por el momento es un planteamiento simple).

Pero si esto es así podríamos inferir que **no todas las elecciones son libres y democráticas y no todas las elecciones legitiman al elegido**. Dependerá de las condiciones en las que se organizan, de la posibilidad de tener total libertad de conciencia por parte de los votantes, de la proporcionalidad de condiciones con las que se pueden presentar diferentes opciones con unas reglas de juego claras y justas. Sin embargo hay que reconocer que no siempre es "o blanco o negro" porque hay matices.

Siguiendo estos mismos argumentos ¿Podríamos poner en duda que unas elecciones sean legítimas si hay una supremacía total de una opción política sobre otras porque los grandes medios de comunicación y recursos económicos disponibles (sobre todo los públicos) se vuelcan por esa opción? No respondáis ahora, sigamos leyendo por favor…

Si miramos con detenimiento nos percataremos que eso ocurre en nuestros países, sobre todo en elecciones regionales y locales, donde una opción que está actualmente en el gobierno ejerce presión, incluso "control" unipartidista de instituciones públicas y emplea toda la cobertura mediática posible con medios de comunicación públicos para dejar casi sin ninguna posibilidad real a las demás opciones políticas que quieren dar a conocer sus planteamientos y propuestas.

¿Cuál es el límite en este sentido entre legítimo e ilegítimo? ¿Cuál umbral hay que cruzar para que sea una cosa o la otra? ¿Se considera democrático un proceso donde la población no tiene casi oportunidad de conocer las diferentes opciones? ¿Es libre la elección del voto de una persona cuando solo se le presenta una opción como la válida de manera apabullante en todos los medios de comunicación y espacios públicos? ¿Esos resultados serían legítimos? Y no hablo solo en las campañas electorales porque actualmente ese concepto ha quedado atrás y se practica la campaña continua.

No siempre un dictador/dictadura es el elemento distorsionador de esa libertad de conciencia y condiciones justas para considerar unas elecciones como "legítimas". En mi opinión hay otras variables que pueden determinar si unas elecciones lo son o no lo son.

Ahora voy un poco más lejos en el razonamiento. En una dictadura todas las instituciones del Estado y los medios de comunicación controlados por el dictador apoyarían a su candidatura y por eso podrían considerarse como elecciones ilegítimas. Entonces ¿Qué pasaría si en un país los grandes medios de comunicación privados y las instituciones públicas apoyan acoplados y en mayoría a una sola opción política? Aquí el panorama no ha cambiado nada con respecto al ejemplo anterior del dictador, solo se ha cambiado al dueño de los medios ¿Siguen siendo unas elecciones legítimas, justas y democráticas? ¿Qué pensáis?

Tal vez al leer estos ejemplos y estas preguntas mucha gente no se sienta identificada porque tiene la suerte de vivir en un país libre y democrático con varios partidos políticos, etc., pero yo creo que tendríamos que analizarlo con mayor profundidad y no quedarnos en lo que "se piensa" o "se asume" como válido porque nos podemos llevar sorpresas.

Las democracias occidentales desde hace unos 30 o 40 años se han ido transformando en un proceso donde varias "empresas" (partidos políticos) intentan colocar sus "productos" (candidatos y programas) para ser líderes del "mercado", y dependiendo de la capacidad comunicativa, de los recursos económicos disponibles, del apoyo de medios de grandes comunicación y de su campañas de marketing, venderán más o menos "productos" y serán o no los líderes del "mercado".

La competición entre organizaciones políticas por lograr convencer a los ciudadanos que les voten se ha transformado en una "competencia entre empresas", donde a los votantes se les considera "target" (que en la cruda realidad pasan a ser los "clientes"…) y donde se aplican las mismas reglas de juego que rigen en el mercado. Pero ¿Dónde queda la Democracia? ¿En determinar qué partido político "vende" mejor sus "productos"? ¿En que la campaña sea más o menos exitosa por su volumen de "ventas"? ¿En que sea más o menos viral? ¿En que tenga mayor o menor cobertura en las redes sociales? ¿En la magnitud del presupuesto para publicidad que se tenga? ¿En que un producto (candidato) hable mejor en un micrófono o en la tele que el otro? Recordad que de esa manera **estamos eligiendo qué "producto" tiene más éxito comercial y no qué "producto" es el mejor**. La cruda realidad es que estamos eligiendo a un "producto" que tendrá en sus manos el presente y futuro de nuestra sociedad basándonos en las mismas variables y pautas que cuando elegimos entre distintas marcas de yogures y si hablamos de personas entre los participantes de "Gran Hermano" ¿Estoy exagerando?

Un producto puede ser muy exitoso en ventas pero eso no tiene por qué estar asociado a su calidad, eficacia, eficiencia, idoneidad, etc., ya que un gran despliegue publicitario puede convertirlo en líder del mercado sin ser el mejor. En el mercado esas son las reglas de juego y forman parte de la libertad económica que disfrutamos. Pero cuando hablamos de política, elecciones, libertad y legitimidad los términos de ese contrato social con la democracia pueden verse muy afectados si solo dependen de las reglas de juego del mercado. Esto tiene mucho que ver con el marco en que se desarrollan los acontecimientos y su dependencia absoluta de la comunicación, por eso el título del libro, la **"Comunicracia"**, una democracia dependiente de la comunicación (Una comunicación que depende a su vez de la cantidad de dinero que se tenga disponible, del apoyo de los grandes medios de comunicación y como veremos más adelante en este libro, de la influencia y/o manipulación de los ciudadanos a través de ella).

Parece mentira que yo diga lo siguiente porque apoyo al 100% la libertad y la democracia, pero posiblemente tendríamos que dirigir nuestra mirada a un país que no es precisamente un ejemplo mundial de "democracia"... Ese país es China... ¿Y por qué digo esto?

¿China?

Los resultados de China a nivel económico de los últimos años son realmente sorprendentes, casi el 80% de las personas que han dejado de ser pobres en el mundo son de China, y contrariamente a lo que piensan muchos China tiene un gran espíritu emprendedor con índices sorprendentes en creación de startups, etc. También tiene uno de los mayores porcentajes de solicitudes y aprobaciones de patentes y una inversión que crece sustancialmente en I+D+I. Pero eso sí, hay un partido político, el Partido Comunista de China, que posee la total hegemonía del poder.

La China "Moderna" – Shangai (Imagen 1)

Muchos cambios en su sistema comunista han sucedido después de Mao Tse-tung. Se han privatizado tierras para la agricultura, ha habido una revolución cultural significativa, han llevado a cabo una reforma del mercado que ha propiciado Deng Xiaoping. Jiang Zemin permitió a empresarios privados pertenecer al partido único y han ido adaptándose a su manera particular a la nueva realidad interna y externa para sacar provecho de sus ventajas comparativas. Se crean nuevas políticas, reglas y procedimientos casi a diario para corregir disfunciones pasadas. Evidentemente les queda mucho por hacer, quedan muchas reivindicaciones sociales por satisfacer y libertades que conseguir…

Intentando hacer una simplificación adaptada a mi relato os puedo comentar que la composición interna del gobierno (y Estado) chino se basa actualmente en tres principios: **la meritocracia, la legitimidad y la adaptabilidad**. Lo que ocurre es que su concepción de estos tres conceptos puede variar de la nuestra.

La meritocracia es la variable que garantiza que solo los mejores y los más capacitados serán los que opten a cargos públicos y ascender en el escalafón. **La legitimidad** está basada principalmente en esos mismos méritos personales y los resultados derivados de las evaluaciones constantes que se realizan a los cargos públicos. **La adaptabilidad** a nivel estratégico es imprescindible para que ser eficientes y que el Estado responda a los cambios internos y externos de la manera más rápida y conveniente.

¿Cómo ocurre algo así en un sistema con un solo partido político abrumadoramente hegemónico? Porque que hay un "Departamento de Organización" de ese mismo partido único que actualmente **funciona como un gran departamento de recursos humanos** que selecciona a los más idóneos y a los más capaces, **y esto podría ser un punto clave para nosotros.** Luego explico por qué…

El sistema chino opera de manera general a través de una "pirámide giratoria" (no puertas giratorias) que la forman principalmente tres componentes: **el servicio civil, las empresas estatales y las organizaciones sociales.** Están separados pero totalmente integrados. Reclutan a los mejores profesionales universitarios que ocupan el nivel más básico de la pirámide. Estos funcionarios podrán ser promovidos de acuerdo a su productividad, estudios posteriores, esfuerzo, valoraciones profesionales, objetivos conseguidos, etc.

La revisión y **evaluación de la actuación de cada funcionario se realiza una vez al año,** además entrevistan a sus compañeros de trabajo, sus subordinados, sus superiores, etc., para evaluar todos los aspectos profesionales, pero no solo su productividad, eficacia y eficiencia, sino además su conducta personal, actitud al trabajo, espíritu de superación, su proactividad, su adaptabilidad al cambio, su liderazgo y empatía entre otros aspectos. Si es posible **los rotan entre los 3 componentes de la "pirámide giratoria"** para que tengan experiencia en todos los campos posibles y mejorar sus conocimientos desde un punto de vista técnico pero también de experiencias con sentido humano y social. Con esos baremos se promoverán a los primeros en cada "promoción" que pasarán al siguiente escalafón y así sucesivamente.

Los profesionales "tops" que han sido superando pruebas y subiendo poco a poco de nivel a través de los años serán los escogidos para optar a administrar por ejemplo una ciudad o una empresa pública de mayor tamaño.

Llegando a la cúspide de la pirámide está el "Comité Central" donde hay un poco más de 300 miembros y más arriba al Politburó con solo 25 miembros.

Es un sistema sumamente competitivo y basado en la meritocracia, incrementándose esas características a medida que bajas dentro de la pirámide. ¿El sistema es puro y limpio? Indudablemente que no. Hay muchas voces que así lo denuncian constantemente y con vehemencia. Además el gobierno chino es hermético y opaco sobre sus asuntos internos lo que no permite conocer las magnitudes reales del problema. Eso sí, hay que ser justos reconociendo que en todo sistema político hay corrupción, trato de favores, etc., aunque en unos más que en otros.

Regresando al tema de los cargos públicos, con su sistema basado en la meritocracia, es complicado que una persona sin méritos, sin preparación o sin experiencia pueda ejercer un cargo público de responsabilidad. En este punto quiero hacer resaltar algo importante: que **tampoco es posible que una persona por ser muy mediática, por ser simpática o fotogénica, por tener más dinero disponible que otras personas, por tener el apoyo de unos medios de comunicación importantes, por "caerle bien a la gente", por manipulación, etc., pueda optar a ser un gestor público.**

Xi Jinping, presidente de China, tuvo que desarrollar una carrera profesional de 30 años con una gestión profesional muy por encima del promedio para llegar a ser presidente. Al inicio fue gestor de una aldea, luego de muchos años y procesos de selección dentro de la pirámide que he descrito arriba superó los baremos hasta entrar al Politburó. En su carrera gestionó poblaciones que sumaron 150 millones de habitantes con un PIB combinado de 1,5 billones de dólares. Solo al demostrar su capacidad a esos altos niveles de gestión y con una conducta intachable es que ha podido optar y tener los apoyos necesario para el cargo de presidente.

Y ahora me pregunto…

¿Hemos tenido nosotros en nuestro país algún presidente, diputado o senador que haya cumplido todos estos objetivos profesionales, que haya sobrepasado decenas de baremos de gestión, que haya superado evaluaciones de productividad, honestidad, limpieza, liderazgo, etc., etc., etc., para llegar donde han llegado? ¿O han llegado allí por otros motivos más cercanos a la influencia de sus contactos, al manejo de sus relaciones dentro del partido, a sus amistades, etc.?

Los nuestros han sido electos (o nombrados a dedo por los electos) pero ¿Han demostrado previamente a la sociedad su idoneidad, ética, capacidad de gestión y resultados, etc., etc., etc.? ¿Han cumplido con alguna función anterior que les haya servido de experiencia para ir escalando a cargos de mayor responsabilidad?

Entonces entra el tema de la legitimidad entre los votados y los no votados en unas elecciones ¿Podríamos considerar que los gestores públicos chinos se han ganado la legitimidad con una trayectoria impecable y con el mérito profesional a través de muchos años?

…Es para ponerse a pensar…

Porque bajo el punto de vista de los chinos las elecciones al estilo "occidental" pueden no ser tan legítimas ya que la opinión pública que vota puede ser manipulable o influenciable a través de campañas publicitarias y estrategias de marketing, lobbies poderosos, etc., mientras que su sistema, que se basa en el mérito profesional y la integridad personal, lo ven mucho más justo y legítimo.

A nivel estratégico sí puedo decir que un sistema que garantiza que solo los mejores gestores son los que obtienen cargos de responsabilidad garantiza en principio el éxito y la prosperidad de la sociedad.

Según un estudio de "Pew Research" en China aproximadamente el 85% de la población está satisfecha con la dirección del país, el 70% piensa que está mejor que hace 5 años, el 82% piensa que su futuro personal será mejor que el presente. Según un artículo en el "Financial Times" el 93% de la población es optimista con el futuro de su país... No tengo constancia cierta de los métodos utilizados en este "research" pero aunque pueda haber ciertas variaciones o distorsiones en los resultados ¿Pueden este tipo cifras de aprobación de la gestión legitimar aún más a un gobierno y a unos cargos públicos? ¿Será más o menos legítimo que con votos a la occidental? Lo que sí es cierto es que estas cifras de aprobación de los gestores públicos por parte de la población china están muy por encima de estas mismas variables en otros países totalmente democráticos y desarrollados donde el descontento con los políticos, instituciones públicas e incluso el deterioro de las variables sociales es cada vez mayor.

¿Pero, por qué me refería al sistema político chino? ¿Conviene importarlo a España?

Mi respuesta es **rotundamente NO**... El sistema político chino es el resultado de una historia particular (además de milenaria y muy complicada). Indiscutiblemente están consiguiendo resultados económicos y sociales positivos con la percepción de que además cuentan con un apoyo de la opinión pública interna importante, sin embargo en las sociedades occidentales con nuestras idiosincrasias y nuestras conformaciones sociales, culturas, libertades, etc., no podemos importar algo que está conformado "ad-hoc" para una sociedad particular como la china, **pero sí podemos intentar adaptar algunas variables que nos pueden valer para mejorar lo que ahora tenemos.**

Plaza de Tiananmén, Beijing, conocida también por protestas populares pidiendo más libertad
(Imagen 2)

No nos debemos basar solo en aspectos técnicos, en mejorar los índices, superar las barreras de crecimiento, ser más competitivos, etc., y dejar a un lado todos los factores sociales que son definitivamente muy importantes. Debemos asumir que las personas son lo más importante, el punto central de toda iniciativa, pero tenemos que encontrar ese balance sano con el resto de las variables.

Para retomar el sentido básico de la democracia hay que trascender a los partidos políticos. Nuestra sociedad debe encontrar estructuras "supra-partidos" que generen el fundamento de esos principios de **meritocracia, legitimidad y adaptabilidad**, y que a su vez nos proporcionen las herramientas necesarias para el desarrollo del futuro social, económico y político de nuestro país.

Yo soy consultor en comunicación estratégica y política y creo conocer un poco las técnicas, estrategias y recursos que se pueden utilizar para cambiar e influenciar la opinión pública, de cómo incidir artificialmente en las tendencias de votos, etc., (algo en lo que profundizaré más adelante en este libro, así que seguid leyendo que esto se pone interesante…) y me preocupa mucho el camino al que se dirige nuestra política y los procesos electorales que cada vez son más superficiales y basados en la forma y no en el fondo. A ese respecto me pregunto:

- ¿Cómo evitamos que el que tenga más presupuesto, más apoyo de los grandes medios de comunicación, mejor comunicación o marketing, etc., y no el más idóneo sea el que tenga al final la responsabilidad de dirigir nuestros recursos comunes, servicios públicos, etc.? (Es que una cosa no tiene nada que ver con la otra. El que mejor comunica no tiene por qué ser el mejor político, el mejor líder o el mejor gestor)

- ¿Cómo hacemos para depender del mérito y la excelencia y no de variables del mercado, del marketing o la publicidad para seleccionar a gestores públicos?

Sabemos que ser un buen gestor o un buen técnico no tiene nada que ver con ser un buen político. No tenemos una tecnocracia. Una cosa es la política y otra es la gestión, eso está claro. Pero vamos a ver, hoy en día, siguiendo nuestras campañas electorales, ¿Elegimos al mejor político, al mejor gestor, al mejor técnico o al que mejor comunica y mejor equipo de marketing y comunicación o presupuesto tiene? Y algo muy importante ¿Qué necesitamos como sociedad? ¿A cuál de ellos? Yo no lo veo tan claro…

¿A quién votamos?

¿Qué variables pueden afectar nuestra decisión para votar a un candidato/partido político o a otro?

Para decidir el voto nos vemos afectados o influenciados (consciente e inconscientemente) por el carisma de un candidato o dirigentes de un partido, por el presupuesto disponible por el partido, por la fotogenia y aspecto físico de los candidatos (sí, el físico influye), por su manera de vestir, por su comunicación no verbal, por su capacidad de comunicar correctamente, por su buena o mala oratoria y puesta en escena, por "venderse bien" al público, por la marca del partido y la marca personal del candidato, por la cantidad de minutos y/o centímetros en medios de comunicación, por su reputación, por salir de manera reiterada en un programa de TV de gran audiencia o no salir, por la buena o mala estrategia en la campaña electoral, por el apoyo de grupos económicos importantes, por los slogans, por la estrategia de publicidad, por la buena o mala gestión de las redes sociales, por su estrategia de marketing político, por la calidad y acierto de sus asesores políticos, por su ideología, por la trayectoria, historia y consolidación regional y local de su partido, por factores externos, por lo bien mal que lo haya hecho el gobierno anterior (lamentablemente la mayoría de los casos es por lo mal que lo ha hecho...), por su programa electoral (aunque me atrevo a decir que es una de las variables que menos afecta a la decisión del voto), por las encuestas publicadas que también inciden en la opinión y otros muchos otros factores.

Pero ¿Estos factores que tomamos en cuenta para decidir a quién votar nos garantizan que tendremos gobernando a los más idóneos, a los más preparados, a los más honestos, a los que más méritos tienen por sus trayectorias profesionales o a los que lo van a hacer mejor? ¿Son los mejores factores que podemos tomar en cuenta para decidir quiénes serán los mejores profesionales, gestores y políticos que garantizarán que tendremos una gestión impecable y de excelencia en el nuevo gobierno?

Nuestra democracia se ha ido convirtiendo en **un proceso cíclico que se mueve entre elegir y arrepentirse de lo que se ha elegido**. Pero no solo por su concepto, por sus métodos y por sus resultados, sino también porque la sociedad está cambiando, cada día es más exigente y menos tolerante, tiene mucha más información y toma en cuenta otras variables para sus decisiones.

Nuestros políticos actuales no piensan en esto, no lo tienen como un problema a resolver dentro de su lista, no se dan cuenta que la distancia entre ellos y la sociedad es cada vez mayor, no se dan cuenta que la gente ya no se siente satisfecha por lo que antes posiblemente servía para la aprobación y el voto final a un partido político, a un líder, a unos colores, unas siglas o un slogan.

¿Qué deberíamos conseguir?

Un criterio democrático que no siempre se cumple (Imagen 3)

En nuestra sociedad hay que cambiar muchas cosas, pero seguimos aplicando los mismos principios para la selección y aprobación de los representantes y gestores públicos. Ya lo decía Albert Einstein, que es una locura hacer la misma cosa una y otra vez esperando obtener diferentes resultados.

Una empresa que tiene fallos en los procesos de selección probablemente contratará a personas que no son idóneas para cada puesto o que no cumplen con los requisitos, la experiencia y los conocimientos adecuados, que no se adaptan a los cambios, que no se regeneran, que no se preparan y evalúan constantemente, etc.

Es muy improbable que una organización donde no exista la meritocracia pueda tener o exigir al final del día resultados positivos, pensando sobre todo que el éxito de esta empresa (nuestra sociedad) será el éxito de todos.

Nuestra democracia tiene que ser capaz de servir como un inmenso departamento de recursos humanos del que formamos parte todos PERO que garantice que solo los mejores, los que realmente lo merecen, los más capacitados serán los que gestionen de la mejor manera posible los recursos públicos, desde el de menor rango hasta el presidente de la nación. Y hasta ahora con lo que tenemos y con lo que funcionamos eso no ha ocurrido.

Las variables "Marketinianas"

Me preocupa mucho el hecho de que nuestra democracia está cada vez más supeditada a unas variables "marketinianas" y otras superficiales, como si lo que eligiéramos fuera el ganador de un concurso de "Gran Hermano", donde el más simpático, el que no frunce el ceño, el que habla mejor delante de un micrófono, el más guapo, el más fotogénico, el que diga el mejor slogan, el más ocurrente, el que salga más en la tele, el que está de moda, el que cuente con los mejores asesores políticos, el que tenga más apoyo de los medios, el que maneje mejor las redes sociales, etc., sea el que tenga la gran responsabilidad de manejar nuestro presente y nuestro futuro. Pero no estamos escogiendo a un "community manager" para votar el que mejor gestione sus redes sociales, no estamos escogiendo a un presentador de televisión para elegir al más guapo y fotogénico, al que viste de una manera o de otra, no estamos comprando un producto para elegir al que tenga el mejor slogan o la mejor campaña publicitaria o la frase "molona", no estamos eligiendo a un socio para escoger al que tenga más contactos, más presupuesto o más apoyo de los hilos de poder o de los grandes medios de comunicación.

Recientemente hay debates en los Estados Unidos entre profesionales de la comunicación política porque la batalla entre candidatos internos de republicanos y demócratas se está convirtiendo en batallas entre firmas de comunicación o de análisis de datos (big data) que crean modelos matemáticos para dirigir las campañas. Y claro, me pregunto:

¿Los procesos electorales "modernos" que se están convirtiendo en batallas entre maquinarias propagandísticas y grandes firmas especializadas son lo más convenientes para nuestra sociedad?

¿Dónde queda lo realmente esencial y básico de la democracia?

¿La historia del huevo y la gallina fusionada a la de la pescadilla que se muerde la cola?

En el caso de España, por lo menos en la actualidad, si un candidato no aparece acompañando a "Calleja" en una aventura de riesgo, si no baila en "el Hormiguero", si no cocina con "Bertín" en casa, si no lo entrevista el "Follonero" o si no sale en la "Sexta Noche" ni siquiera aparecerá en alguna encuesta ¿O es al contrario? Que si no sale en las encuestas entonces no es invitado a esos programas de la tele...

Vamos a ver, si no sales en las encuestas tampoco saldrás en los programas de TV que marcan la tendencia de los "posibles" candidatos, pero si no sales en esos programas tampoco saldrás en las encuestas... ¿En qué quedamos?

De todo esto podemos preguntarnos, si esto va de programas de TV y de encuestas ¿Quién decide en definitiva los que serán vencedores? ¿El pueblo? ¿Los ciudadanos? ¿O realmente nos dan todo ya preparado y puesto en bandeja para que sencillamente "legitimemos" con votos lo que otros deciden previamente? (Diciéndonos quiénes son los escogidos por ellos en las encuestas o en la TV). Es para ponerse a pensar y además preocuparse...

La democracia y los procesos considerados "democráticos" deberían centrarse en lo esencial, en que la soberanía y el poder lo ejercen los ciudadanos LIBREMENTE a través de sus representantes electos buscando el bienestar común y la igualdad de oportunidades en la participación en la vida política, económica y cultural de la sociedad.

La palabra "**libremente**" la pongo en mayúsculas porque es en mi opinión un gran tema de debate y una de las ideas centrales de este libro. Al respecto de lo anterior os dejo estas preguntas en el aire ¿Tienen total **libertad de decisión** los ciudadanos cuando en los procesos electorales puede existir manipulación en las campañas? ¿Hasta dónde puede haber manipulación? ¿Hasta qué grado de manipulación se puede considerar "aceptable" en nuestra democracia? ¿Dónde está el límite, en lo ético o en lo legal? ¿O no se ponen límites? ¿Si podemos ser manipulados para decidir estamos haciéndolo en **libertad**? (Recordad mi ejemplo anterior de las elecciones que propone el dictador. Mis preguntas al respecto eran muy parecidas a éstas ¿por qué será?).

Deberíamos elegir al más capacitado, al que ha demostrado que antes lo ha hecho bien infinidad de veces, al que ha demostrado su idoneidad, su honestidad, su espíritu de superación, su preparación, su comportamiento intachable, su productividad, su adaptabilidad, su liderazgo, su capacidad de gestión, su actitud positiva al cambio, su empatía, su dignidad y su valoración extraordinaria por parte de subordinados, compañeros y superiores. Lamentablemente nuestra democracia por el momento no nos ha garantizado nada de esto y con una sociedad cada vez más informada, más exigente, menos tolerante, que desea resultados rápidos y que cada vez es "menos leal a la marca", o cambiamos y mejoramos la democracia o correremos el riesgo que nos la cambien otros, muy posiblemente a "formas" mucho peores.

Nuestra sociedad tiene la capacidad de hacer esos cambios pero tenemos TODOS que ser conscientes de la responsabilidad que tenemos y de lo necesario que es porque **por ahora nuestro voto es la única manera de convertirnos en ese gran departamento de recursos humanos que necesitamos**.

No podemos votar de acuerdo a las variables con las que estamos decidiendo actualmente, no podemos aceptar ni permitir que nos impongan personas de acuerdo a otros criterios que no sean sus méritos personales y profesionales. No podemos seguir jugando el juego que nos proponen desde muchos ámbitos políticos porque no hablo ni de derechas, ni de centro, ni de izquierda…

Todos han entrado "al trapo" con las mismas variables, todos han entrado a "jugar el juego" que les conviene y no como quiere y necesita la sociedad. A ningún político le conviene que los mejores compitan con ellos porque corren el riesgo de perder su puesto o no ganar las próximas elecciones. Por eso el cambio necesario no vendrá de los políticos, tendrá que venir de la sociedad…

Se comenta que Arquímedes decía: "Dadme un punto de apoyo y moveré el mundo…", **ahora los políticos dicen "Dadme canales de televisión o dadme varios millones de euros y moveré a las masas"…**

Eso no puede ser nuestra democracia, eso no puede ser la piedra angular de nuestras sociedades. No lo podemos permitir.

Nuestro propio sistema basado en la meritocracia, los resultados y la eficiencia

Hay muchas maneras de ir cambiando las cosas. Algunas en el propio sistema de selección, otros internos de los partidos, otros externos a los partidos, otros en la formación de los gobiernos nacionales, regionales y locales, otros en las reglas de juego, etc.

Yo he pensado y trabajado en varias hipótesis. Os dejo una sobre la mesa a ver qué os parece, porque escribiré más libros y tengo que dejar material para los siguientes ;)

Una de mis líneas de trabajo es que haya dos sectores principales o componentes primarios en las instituciones públicas (adaptación del sistema chino). Esos dos componentes estarían formados uno por los profesionales y técnicos y el otro por las personas electas por los votos (Cierto paralelismo a los funcionarios públicos y políticos actuales) **PERO donde el político electo no pueda incidir de ninguna manera en el manejo y distribución de los presupuestos ni en la decisión de las políticas y estrategias públicas**.

Si todo lo referente a la estrategia, gestión, manejo de presupuestos, etc., es llevado únicamente personas con una muy probada solvencia profesional (pirámide de carrera profesional basada en la meritocracia) que decidirá sobre criterios objetivos y que ocuparán esos cargos únicamente por sus méritos profesionales y personales, y los políticos electos pasen a ser los representantes públicos pero con funciones limitadas similares a las del Rey de España (Simbólicas, representativas, arbitrales, moderadoras y mediadoras) en pocas palabras, que "reinan pero no gobiernan" dependiendo totalmente del refrendo de los gestores públicos de carrera, en muy poco tiempo España cambiaría en positivo.

En mi opinión con el tiempo solo quedarían como políticos las personas que realmente tengan una vocación de servicio a la sociedad. Y el que no tenga méritos objetivos y una vida profesional basada en la excelencia tampoco podría optar a ser parte del cuerpo de gestores porque el sistema selectivo basado en la meritocracia no lo permitiría.

Nuestras sociedades entonces **no dependerían de las ocurrencias o ideología del político de turno** para la gestión pública de los presupuestos y la planificación sería mucho más coherente, objetiva y alineada, pudiéndose desarrollar a plazos de tiempo mayores (no a corto plazo o como mucho para lo que dura una legislatura que es como se hace actualmente). Se seguirían criterios de eficiencia y buena gestión independientemente de los cambios políticos que se moverían a otro nivel, por otro canal independiente a la gestión.

Me parece que sería muy bueno además tomar en consideración y adaptar de alguna manera lo que hacen los chinos con sus cargos públicos, que los rotan por las organizaciones de gestión y las de servicios sociales para que completen su formación como personas íntegras capaces de tomar decisiones con un **pensamiento eficiente de empresa pero con sensibilidad social**. Esto si se hace bien no tiene por qué afectar la libertad individual de nuestros cargos públicos para decidir sobre a su carrera profesional.

Quiero reiterar que al referirme al sistema político chino, explicarlo de manera resumida y tomar algún elemento que considero que podrían adaptarse al nuestro para mejorarlo, **sigo estando y estoy totalmente a favor de la democracia, de nuestra democracia y de las libertades que nos ofrece**, pero lo que tenemos que hacer y muy pronto es renovarla, es mejorarla para que se garantice una verdadera legitimidad, que los políticos no lleguen a sus cargos por otras razones que no sean el mérito y la excelencia, para que los hilos de poder no influyan en las decisiones soberanas de la sociedad, para que las variables "superficiales" que promueven el éxito de un producto en el mercado **no sean las mismas** que determinen que una persona que entra en política pueda llegar a manejar el futuro de miles, decenas de miles o millones de personas (algo muy preocupante), para que no basemos el bienestar de nuestras sociedades en la próxima ocurrencia de personas que no han tenido ninguna experiencia previa y para que no experimenten, aprendan o cometan errores con nosotros y nuestros hijos como "conejillos de indias", porque nuestra sociedad es la que sufrirá las consecuencias de cada equivocación, de cada "novatada", de cada mala gestión, de la falta de preparación profesional o de ética de los políticos, que son los que tienen actualmente (se la damos con nuestros votos) la gran responsabilidad de dirigir nuestro presente y nuestro futuro.

Mi llamado es para que también pensemos que nuestra decisión no puede basarse en sentimientos negativos o desprecio a otros, no puede basarse en las formas, en la superficialidad, en lo que los grandes medios de comunicación puedan influenciarnos de manera artificial, en la publicidad y propaganda, en el más simpático, en el que mejor habla, y otras variables frívolas y banales porque luego no le vamos a exigir vestir bien, hablar bien, salir guapo o ir al programa de más audiencia y convertirse en el "show", porque lo que le vamos a exigir luego es LO QUE NO HEMOS REPARADO EN VALORAR PARA VOTARLE.

¿A dónde debemos ir?

La Política 5.0

Muchos dicen que la política se ha pasado a las redes sociales, que el marketing y la comunicación política pasan a ser vitales en los procesos electorales. Se habla de la campaña permanente, del cuidado exquisito que hay que tener en variables como la marca personal del político, en la imagen y "branding" del partido, en la reputación política, en la comunicación no verbal, en los colores, los slogans, los lemas, las formas, los gestos, los símbolos, el "storytelling", la influencia de los medios de comunicación, etc., etc., etc., pero en mi opinión en los últimos años la sociedad ha cambiado, su mayor capacidad de crítica, su pretensión de exigir resultados inmediatos, su empoderamiento (una palabra que no gusta a muchos pero que es una realidad palpable) y la evolución de su conciencia social llevará a la Política (con mayúscula) y los políticos a cambiar radicalmente de esquemas, y el que no lo haga posiblemente fracasará.

Siguiendo tendencias globales de movimientos que surgen donde la conciencia social y humana cada vez es más fuerte se va a pedir muy pronto a la política y a los políticos mucho más. No bastará con saber decir lo que se quiere escuchar, ni con salir infinidad de veces en los medios de comunicación pidiendo justicia social, no bastará con convencer, ni con unas maravillosas redes sociales o una inmejorable comunicación política, ni bastará con ganar elecciones o gobernar bien o mal. Hasta ahora los partidos políticos e incluso las ideologías han buscado con estrategias excluyentes ocupar nichos y segmentos de la población para seducirlos o convencerlos que son la opción más conveniente para sus objetivos, anhelos o intereses.

Los cambios y la evolución de la sociedad estos últimos años han obligado a las instituciones, entre ellas las políticas, a replantearse su esencia, su identidad, sus principios, sus organizaciones, sus procesos, sus formas y sus comportamientos. Es un proceso que se acelera y no va a parar. De hecho muchos partidos políticos, sobre todo los tradicionales, todavía no comprenden qué está pasando delante de ellos, ven como se les "esfuman" votos, como sus propios seguidores los ponen en "tela de juicio", no entienden qué sucede y por qué lo que antes les funcionaba ahora no surte ningún efecto, cambian de estrategia y suele ser más de lo mismo, maquillan, cambian caras, cambian el discurso, la imagen, el logotipo, etc., pero no se produce esa "recuperación de la sintonía" entre el partido y los votantes. Suele ser porque no entienden que la sociedad ha cambiado y avanza a una velocidad que ellos no pueden alcanzar.

Siguiendo esa misma tendencia y evaluando algunos movimientos que están surgiendo recientemente en países de democracias consolidadas como por ejemplo Suiza, la "evolución social contemporánea" pronto pasará a niveles superiores y será un paso trascendental que muy pocos políticos tendrán la visión y la capacidad de asimilarlo, aceptarlo y actuar en consecuencia.

Ya se comienzan a ver los cimientos de grupos sociales que le están dando forma de manera orgánica a una demanda que trasciende a los partidos políticos e incluso a las ideologías. Plataformas (por llamar de alguna manera a esos formatos organizativos "supra-partidos") que tienen como principio y objetivo principal lo contrario al modelo excluyente del sistema político actual, yo lo llamaría **"La unión en la diversidad"**. Tienen como principio un modelo inclusivo basado en **la unión y la reconciliación, sobrepasando las diferencias,** para alcanzar objetivos comunes. Es lo que he llamado la "Política 5.0".

Cuando digo "unión" no me refiero a pactos o fusiones, esa sería una manera muy simplista de entenderlo y es mucho más profundo y con mayor alcance. Todos los políticos y partidos políticos por su esencia buscan siempre lo opuesto que es la división, la segmentación, la diferenciación con otros partidos (eso incluso dentro de las mismas organizaciones políticas) y así desbancar al contrario y quedarse con el trozo mayor de la tarta. Eso ocurre porque entienden a la política desde un punto de vista egoísta (todo para mí y los míos), la ven como un producto al que hay que prepararle un empaque bonito y atractivo, promocionarlo y venderlo para ganar (sobre todo ganar poder). Pero resulta que la sociedad ha comenzado un proceso de evolución orgánica que la mayoría de los políticos no son capaces de entender, ni los de derechas, ni los de izquierdas, ni los de centro. Solo los que logren internalizar **Y CREER** en ese proceso de unión y reconciliación tendrán todas las papeletas para ser desde ese momento el eje central de la política.

Muchas corporaciones y especialistas en publicidad y marketing se están dando cuenta de este proceso de cambio y están comenzando a incorporar en la identidad y comunicación de las marcas mensajes alusivos a ideas de unión y reconciliación. Ya de manera sutil o evidente se está comenzando a ver en spots publicitarios de productos de consumo masivo como bebidas, lácteos, galletas o incluso de muebles o ropa la inserción de valores referentes a la unión de la sociedad, a la unión en la diversidad para sumarse y colaborar con los que más lo necesitan. Ese concepto abstracto pero real es mucho más eficaz para vender que hablar de los productos y sus ventajas. Esto ocurre porque se busca una conexión emocional con la marca o el producto utilizando valores que a la mayoría de la gente ahora hace reaccionar. Este cambio en mi opinión trascendente lo podría considerar una "evolución colectiva" en pleno desarrollo.

Por diversas razones antropológicas, sociológicas, educativas, formativas e incluso mentales (cerebrales) tendemos a etiquetar a las personas, clasificarlas en grupos de manera consciente o inconsciente de acuerdo a muchas variables. Sin embargo con esta "evolución colectiva" de la sociedad se están comenzando a borrar algunas de las barreras que creamos para segmentarnos (Aunque la percepción general pueda ser la contraria, pero no, es un proceso en pleno desarrollo). Queda mucho por hacer, muchos prejuicios sociales e individuales que vencer, también menos egoísmo y más humildad por parte de todos para que continúe el avance en este sentido. Esas etiquetas impuestas por otros y autoimpuestas por nosotros mismos que levantan barreras no pueden determinar el futuro de una sociedad que se desarrolla y que quiere avanzar.

A muchos (Políticos, etc.) no les conviene este nuevo proceso porque viven y se desarrollan precisamente en el desacuerdo. De hecho han basado su carrera política en marcar las diferencias y levantar las barreras con los oponentes. Por eso intentan fomentarlas cada vez más y con mayor fuerza, porque les conviene. Por esta visión tan corta, limitada y además totalmente egoísta de la política tenemos una sociedad que sufre las consecuencias y además tiende a alejarse de las posiciones comunes que nos unen. Si lo pensamos bien realmente SOMOS

ALEJADOS de las posiciones comunes para que el político, la ideología o el partido político tenga su caldo de cultivo siempre dispuesto. Parece que no nos damos cuenta de ello y les seguimos ese juego tan perjudicial para toda la sociedad.

Ya lo dice un eminente profesor de Harvard, Clayton Christensen, famoso por sus estudios y propuestas en estrategia, innovación y sobre todo en la "disrupción". Clayton dice "…si se aísla a una nación porque no gusta su sistema político para debilitar a su gobierno y producir un cambio interno, al contrario de hacerlo más débil, éste se fortalecerá, porque con su sociedad aislada será más fácil para su gobierno controlarla y manipularla, culpando además al resto del mundo de todo lo malo que ocurra. Sus habitantes apoyarán a su gobierno con más fuerza…"

Si trasladamos este principio a la sociedad dentro de un país lo podemos ver claro. Aislar y segmentar son estrategias que benefician al político o a una tendencia política, pero no a la sociedad. Y todos hemos caído en esto, sea por una condición de la naturaleza humana o porque nos lo quieren imponer a diario desde cúpulas políticas (culpando al otro de todos los males, como bien dice Clayton Christensen). Tenemos que despertar a esta realidad y tomar el puesto que nos corresponde como sociedad no dejándonos dividir y que nos levanten muros para sacar provecho político y obtener más poder en base a ello.

Y aquí vuelvo a hacer referencia del sistema político chino y la adaptación de algún principio al nuestro. Allí el sistema político va dirigido a un objetivo común, en nuestro sistema se segmenta para ir unos contra otros. Es algo de primero de estrategia, si un grupo de personas se segmenta para oponerse mutuamente el resultado será mucho menos eficiente que si todos van dirigidos en la misma dirección hacia un mismo objetivo.

Nuestro sistema político se basa en eso, en ir uno contra otro, en dividir a la sociedad unos contra otros de acuerdo a etiquetas. Es fácil observar (aunque casi nunca lo hacemos) que la mayoría del tiempo, creatividad y recursos de los políticos se desperdician en atacar al contrario, en debilitarlo y en confrontarlo, y si es públicamente mucho mejor.

Si todo lo que se invierte en ir en "contra de" se utilizara para ir a "favor de" algo común, nuestra sociedad sería otra, y seguramente otra mucho mejor que la que tenemos.

Pero no es algo solo impuesto sino que puede venir del interior de cada uno de nosotros. Cuando vemos en la tele a algún político opuesto a nuestra ideología o al partido político que apoyamos generalmente no se despiertan en nosotros sentimientos muy positivos (más bien muy negativos) convenciéndonos a nosotros mismos que no tenemos absolutamente nada en común con esa persona ni con las personas que apoyan esas ideas o sus simpatizantes. Los vemos como oponentes (aunque en realidad conviven con nosotros, son también parte de nuestra sociedad al igual que nosotros y los nuestros). Esos estímulos negativos van levantando barreras consientes e inconscientes en nosotros mismos que impiden que tengamos la más mínima empatía con los demás. No nos paramos a pensar por qué una persona puede llegar a apoyar tal o cual político o estar de acuerdo con una u otra idea, solo nos parece que "no tienen ni dos dedos de frente", sin darnos cuenta que los demás piensan exactamente lo mismo de nosotros y que posiblemente ninguno tiene "mala intención" sino que depende del punto de vista desde donde se mire la situación (Otro tema es tener o no razón, ser la mejor opción o no, pero eso lo hablaremos luego…).

Aquí me viene a la mente una viñeta muy simple que he visto en un periódico donde salía una isla muy pequeñita, de pocos metros cuadrados, donde había un náufrago muy delgado y barbudo que ve a lo lejos una barcaza acercándose, y grita **"¡Por fin! ¡Me he salvado!"** y la siguiente viñeta es la vista desde la barcaza con otra persona también barbuda y famélica que ve la pequeña isla y grita **"¡Por fin! ¡Me he salvado!"**…

Viñeta sencilla pero contundente si profundizamos un poco en el mensaje. Qué importante es saber y estar conscientes de que la misma realidad se ve muy diferente de acuerdo a un punto de vista o el otro, pero ojo ¡Es la misma realidad!

Por eso tenemos que aprender a despojarnos de muchos prejuicios y aprender cómo mirar a través de los ojos de los demás para lograr comprender el alcance real de lo que significa llegar a una unión y suma de criterios. Hasta ahora en las pocas ocasiones que se hace (por lo menos en política) es para localizar los puntos débiles del oponente y vencerlo.

Lo que no se puede pretender es que cambie el otro porque yo tengo la razón. No es eso, no hay relación entre personas que sea duradera con esa manera de pensar o actuar.

Hay que tener muy claro que aceptar las diferencias en la diversidad y tener la capacidad de empatía suficiente para entender por qué el otro piensa diferente a mí, es clave. Si solo intentamos vencer al otro para imponernos por mayoría o intentamos enfrentarnos al otro si no lo logramos convencer, el resultado es la creación de más barreras que nos limitan como sociedad. Es un tópico que siempre se dice en política pero que nunca se cumple "hay que buscar los puntos que nos unen y no los que nos separan".

Pensemos en los "Castells" (Torres humanas):

Concurso de "Castells" en Tarragona (imagen 4)

Para organizar un "Castell" todos los participantes tienen un objetivo y trabajan juntos, con toda la energía y capacidades alineadas en la consecución de ese objetivo. Imaginaros si en un Castell unos comienzan a ir en contra de los otros... ¿Qué pasaría? Está claro que la torre se derrumbaría y nunca llegará a formarse completa... La única manera de lograrlo es que TODOS trabajen unidos, coordinados y cohesionados. Cada uno en una función y cada uno en el mejor sitio de acuerdo a sus capacidades, son diferentes pero con un objetivo común. En la analogía de nuestro sistema político actual y nuestra sociedad ocurre lo mismo. Es algo obvio ¿No os parece?

Por eso no lo logramos, por eso lo intentamos una y otra vez y siempre la torre se cae, o no se completa, o a veces ni siquiera se comienza, porque siempre hay uno contra el otro.

Y repito, no es convencer o no, es también aceptar, reconocer, trabajar y avanzar con un objetivo común dentro de la diversidad.

¿Parece algo utópico e irrealizable? En mi humilde opinión **la sociedad en su conjunto ya se está percatando que ir unos contra otros produce beneficios solo a los que viven precisamente de la división social**, y más temprano que tarde serán (o ya son) los mismos ciudadanos los que exigirá a sus representantes que se siga el camino correcto, y si no, tiempo al tiempo...

Una de las herramientas que las sociedades están comenzando a articular para solucionar este dilema es la creación de plataformas "supra-partidos" que unan a los ciudadanos independientemente de su ideología, preferencias políticas u opiniones. Es una manera de "saltarles por encima" y evitar así las barreras que crean entre sus seguidores y los de sus oponentes.

Los políticos y los partidos políticos que quieran ser parte de este proceso ya en marcha tendrán que asumir **como esencia personal y organizacional que formarán parte de una estructura mayor (Plataforma) donde prevalecerá**:

- La unión en la diversidad (Diversidad de criterios, ideología y pensamiento)

- La apertura
- La absoluta tolerancia a las diferencias
- El respeto al que piensa o es diferente
- La comprensión de la posición e ideas de los demás
- La empatía
- Tener como principio sumar y no restar. Ninguno "en contra" del otro sino "con" el otro
- Considerar al otro como igual y reconocer que estando juntos cada uno aportará algo positivo (Sea de la corriente de pensamiento que sea y venga de donde venga)
- La libertad para expresarse y la oportunidad para que todos puedan desarrollar su creatividad
- La visión de una sociedad civil compacta (Sin segmentación política, ideológica, de clases, etc.) activa, libre, participativa y dinámica
- Escuchar y hacer sentir a los demás que son escuchados debe ser considerado como primordial
- Asumir la vocación de servicio como premisa de identidad

Tiempo al tiempo... ya ha comenzado y crecerá sin parar...

Y mientras se consolida ese nuevo proceso de unidad de la sociedad…

¿Qué hacemos?

Eso… ¿Qué hacemos mientras? ¿Cómo encaja todo esto en la política española? Sin duda todos estos cambios en la conciencia social que solo comienzan han despertado el interés por la política en la sociedad. Es impresionante ver cómo el tema de la política ha pasado a ser el más hablado en todos los ámbitos sociales (compitiendo con el fútbol y el "cotilleo rosa"). Solo hay que ver a algunos medios de comunicación que han tenido que modificar sus programaciones para incluir mucha más política, los tertulianos políticos son mucho más conocidos que antes, los ratings televisivos de política han aumentado exponencialmente con respecto a hace 10 o 15 años, y esto es un pequeño reflejo del cambio que viene desde lo profundo, desde dentro de los hogares, incluso dentro de las parejas, etc., aunque no siempre en el sentido positivo, eso hay que decirlo.

Pero ¿Cuántos "gurús" de la política se han equivocado haciendo predicciones que no se han cumplido?

Esto me recuerda lo que me decía un amigo mío economista que era un alto cargo en un banco en Nueva York:

> *"…Los economistas estamos los primeros seis meses del año prediciendo lo que sucederá los segundos seis meses del año, y luego estamos los segundos seis meses del año explicando el por qué no se ha cumplido lo que hemos dicho que sucedería. Así tenemos trabajo todo el año…"*

(Con todo mi respeto a los economistas… solo repito lo que decía un colega sobre ellos mismos…)

Creo que por analogía sucede algo muy similar con algunos comentaristas y tertulianos políticos en los medios. Si analizamos solo los últimos dos años en la política española, sin irnos más lejos, MUY POCOS han acertado en sus predicciones, pero como bien lo decía mi amigo economista, entre predecir y luego explicar por qué no se ha cumplido la predicción ya tienes trabajo todo el año… (Igualmente con todos mis respetos a los profesionales que se dedican al tema político en los medios).

Pero lo que quiero transmitir con esto es que hay que intentar comprender que los cambios en la política actual no es un contexto transitorio que nos llevará de una situación a otra. Los cambios van a ser la constante, lo distinto será no estar cambiando. Ahora toca vivir en un cambio constante, esperemos que para mejorar, porque se puede cambiar a mejor o a peor. Principalmente dependerá de nosotros mismos y de cómo elijamos a nuestros representantes y gestores públicos.

Cabe preguntarse ¿Cuántos políticos están ahora sin rumbo, sin una idea clara de lo que deben hacer para posicionar a sus partidos y marcas personales? ¿Qué cambios ha habido y habrá en los públicos, en los votantes, en la influencia de los medios de comunicación, en el lenguaje, en los códigos de comunicación y en las estrategias? Muchas preguntas, mucha información, mucha teoría y muchas personas opinando en los medios de comunicación pero la realidad va por dónde quiere ir y es inexorable. Lo que hoy es, mañana ya no lo es tanto, lo que hoy se ve de una manera, mañana ya no se ve igual, lo que hoy percibe la gente, mañana puede que no tenga esa misma percepción... y esto es un fenómeno reciente que tiene de cabeza a políticos y también a muchos de sus asesores y estrategas.

Esta situación no ocurre por casualidad, no es por la irrupción de nuevos partidos alternativos o de un nuevo lenguaje y estrategia de comunicación. Eso es una consecuencia de algo mucho más complejo y de mayor magnitud. Hay que entender, aceptar y asimilar que la gente está cambiando (No me cansaré de decirlo). El votante está cambiando. La comunicación y el marketing político se están convirtiendo en una mezcla de técnica, estrategia, estudio, estilo y arte.

Es un proceso imparable pero no es una ola que arrasa. Es una inundación lenta que va subiendo el nivel del agua inexorablemente. Poco a poco el agua se introduce por todas las grietas, rendijas, debajo de las puertas y va calando al mercado (el electorado). Es solo cuestión de tiempo para que llegue este proceso a las personas de los pueblos más remotos de la geografía nacional. La gente está cambiando a una velocidad mucho mayor que lo que pueden cambiar las estructuras de los partidos políticos tradicionales, por eso cada vez se alejan más de la realidad de la calle, de lo que piensan y sienten los ciudadanos.

Las organizaciones nuevas o pequeñas pueden adaptarse al cambio más rápidamente que una organización "tradicional" grande (Aunque eso dependerá de la visión de sus dirigentes en hacer lo que siempre han hecho los políticos tradicionales o aprovechar sus ventajas comparativas). No es casualidad que estén "de moda" algunos partidos políticos de nueva creación, sobre todo los que en su ADN tienen una estructura interna tanto de organización como de comunicación que se puede adaptar fácilmente a esos cambios del entorno. Son estructuras mucho más elásticas y eso trae consigo ventajas. Es en cierta manera el principio en el que se apoya el marketing de guerrilla. En una guerra para tomar una decisión y llevarla a la práctica un ejército tiene una cadena de mando y decisión totalmente jerárquica, procesos "burocráticos" para la cumplimiento de las estrategias, su movilización, etc., pero una guerrilla puede adaptarse muy fácilmente al cambio, a las variaciones del entorno, al terreno, al momento, puede dividirse y volverse a unir, puede estirarse, encogerse e ir a gachas para salvar obstáculos.

Vale decir que un ejército tiene también sus ventajas por el tamaño y el poder de destrucción porque la tecnología y su evolución como organización los hace más eficientes y no dependen tanto del tamaño sino de otras variables como el impacto, la información, la influencia, la disuasión, la estrategia, la visión, la diplomacia, el momento y la comunicación. Si un partido político tradicional entiende la analogía, la asume y actúa en consecuencia (pese a quien le pese dentro de su estructura interna…) probablemente pueda ser exitoso en esta nueva realidad política y social.

Un pasado que en ocasiones puede ser un "lastre" que pesa sobre organizaciones ya establecidas desde hace tiempo en España (PP, PSOE, IU, sindicatos, patronales, etc.), una estructura organizativa sumamente rígida que no permite cambiar fácilmente, unos miembros de esos partidos que al ser parte de la organización se han "mimetizado" con su estructura rígida adaptándose perfectamente a su funcionamiento que limita más en recursos de evolución con un entorno constantemente cambiante, hace que las nuevas organizaciones les tomen la delantera y tengan todas las posibilidades de desarrollarse y tomar posesión de una parte importante del ámbito político. Cualquier persona acostumbrada a trabajar en estrategia me dirá "pero cuando estas organizaciones nuevas crezcan pasarán de guerrillas a ejércitos con lo que tendrán las mismas limitaciones que las organizaciones anteriores, es solo cuestión de tiempo"… y en parte tienen razón, pero la diferencia puede consistir principalmente en que la creación de sus estructuras puede estar basada en principios diferentes.

El ADN y células de las nuevas organizaciones se han formado siguiendo estructuras diferentes, porque han surgido en momentos diferentes, en condiciones diferentes y con un entorno diferente. La mayoría de las personas que integran los nuevos partidos (no todas porque hay excepciones) han comenzado en estructuras que deben permitir, aceptar y potenciar el cambio y la adaptabilidad, deben buscar la conectividad, deben promover la empatía entre sus miembros y algo muy importante, sus estructuras organizativas y comunicacionales **deben basarse en escuchar**, al contrario que las organizaciones anteriores que fueron creadas y desarrolladas en otras épocas donde el principio de autoridad y la cadena de mando estrictamente jerárquica prevalecían.

Las organizaciones tradicionales se estructuran de arriba hacia abajo y las nuevas deben buscar desarrollarse de abajo hacia arriba, reduciendo además toda la estructura intermedia que ralentiza y distorsiona la comunicación directa entre las bases y la cúpula de la organización. Todo ello podría resumirse en aplicar criterios actuales y audaces en estrategia y comunicación. (Hablo siempre con el "deben" y no con el "son" porque el hecho de ser nuevas no implica que no adquieran rápidamente los "vicios" de los viejos partidos. Si tienen unos principios sanos y unos buenos asesores en estrategia y comunicación posiblemente puedan ellos afirmar que "son"…).

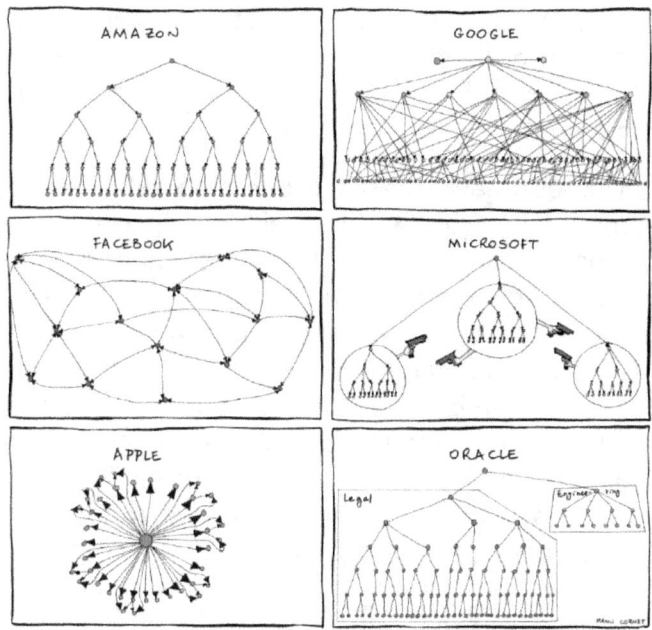

Organigrama de grandes empresas tecnológicas (Imagen 4)

Si observamos esta imagen con detenimiento es fácil relacionar la organización interna de algunos partidos políticos con alguna de estas corporaciones globales. No voy a dar nombres ya que en este libro no intento apoyar ni criticar a ninguna organización política en particular. Intento hablar de mis impresiones sobre estrategias, tendencias, nuevas maneras de pensar, hago propuestas, doy humildemente algunos consejos a partidos políticos o sus representantes, pero nada más por el momento, siempre desde el respeto absoluto a todas las ideologías y partidos políticos, y más aún, a sus seguidores y votantes.

Es muy claro que muchos partido políticos tienen una estructura similar a la de "Microsoft" en la imagen. No es casualidad que salgan pistolas entre diferentes subgrupos que se forman dentro de la organización. Suele ocurrir por intereses creados, pugnas por el poder interno, peleas por estar cerca de la cúpula, etc. Algún partido "tradicional" estará más cerca de la estructura de "Amazon" en la imagen o incluso de "Oracle", con alguna parte del partido que se quiere "ir por su cuenta" ;)

Más complicado para un partido político es asumir la estructura de "Apple" porque el centralismo férreo suele romperse rápidamente migrando en poco tiempo a sistemas jerárquicos más tradicionales.

Sin embargo los nuevos partidos deberían estar más cerca del organigrama de "Google" o "Facebook", donde hay una comunicación fluida entre todos los puntos de la organización lo que incrementa el "engagement" de todos los niveles con la organización y donde se facilita la autocorrección de métodos y procesos constantemente. De esta manera el crecimiento, la adaptación a los cambios, el liderazgo en las zonas medias y el continuo aprendizaje en todos los estamentos de la organización puede llevarlos fácilmente al éxito, siempre y cuando estas estructuras no sean solo de forma sino de fondo. Todavía no sabemos si serán capaces de lograrlo.

En realidad las ventajas de estas estructuras formadas por "nodos" en la dinámica actual son importantísimas con respecto a las más jerárquicas. Lo complicado es que las personas que están al mando de las organizaciones tradicionales basadas en la jerarquía entiendan que deben cambiar. Además, una vez entendido el problema suele ser más difícil **que quieran cambiar** porque representará pérdida de poder y control, más transparencia, más exigencia individual, etc., y muchos políticos se resisten. A veces por no entender sus ventajas, otras por su alta resistencia al cambio y la intención de mantenerse dentro del "status quo" o también por intentar mantener sus privilegios, pero eso dependerá de los objetivos personales de cada quien y en eso no me meto...

Luego ahondaré en el tema de la "co-creación" que tiene mucha relación con estas estructuras organizativas y explicaré las ventajas para crear mejor y ser más exitosos si se cuenta realmente con todos los integrantes en la estructura y la dinámica de funcionamiento.

Entrando de nuevo en la realidad política española todavía estamos en el proceso de transición sistemática que durará algunos años, pero es algo inexorable tanto en la política como en todas las demás organizaciones sociales y económicas. Los viejos esquemas siguen prevaleciendo y se resisten en muchos lugares pero es solo cuestión de tiempo.

Ya contamos con las herramientas y el conocimiento

En este libro quiero hablar de las herramientas que tienen a disposición las organizaciones nuevas y también las tradicionales para poder sobrevivir al cambio (aunque con sacrificio y renuncia en algunos casos).

Con una realidad tan cambiante escribir un libro sobre estos temas es complicado porque puedes quedar obsoleto en cuestión de meses (recordad que lo estable y lo normal ahora es estar en el cambio continuo) pero hablaré más de estrategia, de comunicación, de marketing político, etc., donde los argumentos se mantienen por más tiempo aunque también cambian y hay que adaptarlos constantemente al entorno.

Los ciudadanos son cada vez más influyentes (el empoderamiento bien entendido) y pueden afectar e incluso cambiar una estructura inmensa en cuestión de horas. Eso lo podemos constatar las personas que hemos trabajado en la gestión de crisis. Con las redes sociales cualquier persona puede poner en verdaderos aprietos a una empresa con decenas de años de existencia y con decenas de miles de millones de euros de capital. Basta solo analizar lo que ha ocurrido con grandes corporaciones que han vivido situaciones que los han puesto contra las cuerdas sencillamente por un "tuit" de un cliente o un vídeo en Youtube que se ha "viralizado" y ha causado daños muy importante en la reputación de la corporación.

Anteriormente eso no ocurría casi nunca. Una persona tenía que seguir los canales regulares o tener algún conocido con contactos e influencia para lograr ser escuchada. La capacidad de reacción de un cliente ante un abuso o atropello se hacía a través del departamento de reclamaciones, cartas al director, alguna denuncia en algún medio de comunicación, pero difícilmente llegaba a mayores. Actualmente con las redes sociales hemos visto casos donde los cimientos mismos de corporaciones globales han temblado por la publicación de un vídeo en Youtube por algún empleado descontento o una reclamación pública de un cliente en Facebook o Twitter denunciando un problema, un abuso, un inconveniente en los productos o servicios prestados, etc.

Los casos son cientos en todo el mundo. Algunas organizaciones han decidido dar un paso al frente y adaptarse a esa nueva realidad, empoderando a sus clientes (en la político sería los afiliados, simpatizantes y votantes) y abriendo todos los canales posibles para que sean escuchados y tomados en cuenta, aunque eso también conlleva riesgos para la organización que hay que asumir. La decisión está si se adaptan en estos momentos y asumen los riesgos o se quedan con las estructuras anteriores y asumen otros riesgos asociados a la pérdida de mercados (votantes), además de la pérdida de credibilidad, de "engagement", de empatía y la posibilidad de crecer o perecer en el intento.

No adaptarse puede ser morir como organización. "Kodak" es un ejemplo de muchos donde luego de decenas de años siendo líder a nivel mundial en su sector ha desaparecido por no adaptarse al entorno. Su estructura y visión estratégica no lo permitió. Luego de muchos años de estabilidad el entorno cambió, no se adaptó y desapareció. Eso mismo le puede ocurrir a los partidos tradicionales en España y tienen que tomar medidas urgentes para evitarlo si no quieren verse en momentos de riesgos importantes, perder mucha influencia o incluso desaparecer. Es un fenómeno que no tiene vuelta atrás, solo hay que decidir el cuándo y el cómo, pero en ningún caso si se hace o no se hace.

Estos partidos políticos tradicionales han tenido cierta estabilidad por decenas de años, sin muchos problemas, era un péndulo que giraba de un lado a otro cada período político y sus estructuras permitían que aunque estuvieran en el momento de gobierno u oposición, sus integrantes tenían su sitio relativamente garantizado. Una situación cómoda que no les ha impulsado a cambiar, mejorar o exigirse en lo más mínimo. Es lo que tiene la comodidad, estás relativamente bien pase lo que pase, ganes o pierdas, y el "status quo" promueve el estancamiento, la pasividad, la falta de iniciativas nuevas, propuestas y ganas de optimizar y avanzar. Así ha sido por muchos años en España pero un cambio en la mentalidad del votante, como ha ocurrido con los clientes si hablamos de marketing tradicional, ha movido las bases de un sistema que estaba estático y cómodo, ha levantado de sus sillas a muchos, ha movido las alfombras y ha desestabilizado lo que antes estaba estable. En mi opinión no ha sido por la irrupción de ninguna nueva organización sino como consecuencia del cambio en la percepción, motivación, influencia y respuesta de los ciudadanos en general.

No son buenas noticias para las organizaciones tradicionales. Ya nada va a ser igual que antes lo que les obligará a cambiar o menguar. Y el cambio no puede ser de maquillaje, no puede ser de fachada, tiene que ser interno, profundo, real y orgánico, sino veremos a partidos desesperados cambiando todos los días de mensaje, sin ideas claras, sin un norte sólido que los hará aún más inestables, cayendo en una espiral concéntrica sin retorno. Tiempo al tiempo... Tienen que ir pensando que los mensajes vacíos, los eslóganes sin contenido real, decir y luego no hacer, y tantas cosas que hemos visto a lo largo de los años va a convertirse en la estocada que puede causar la ruptura definitiva con sus votantes "de toda la vida".

La lealtad a las marcas tiende a perderse si éstas no responden a las expectativas de los consumidores. Lo mismo en la política. Uno de los problemas es que en el ADN de esos organismos "tradicionales" no viene la capacidad de poder evolucionar a esta nueva realidad. Cambiar las estructuras de esos partidos tradicionales, y más aún, la toma de decisiones, los procedimientos y las maneras de pensar y actuar es sumamente complicado.

Al inventarse el avión impulsado por hélices poco a poco se fueron haciendo mejoras para incrementar la eficiencia, la potencia, la velocidad, etc. Se hicieron hélices más grandes, luego de materiales más ligeros y resistentes, diseños que aprovechaban mejor la aerodinámica, etc., pero llega un momento que los cambios estructurales a esas hélices no son suficientes para avanzar, ya no se pueden hacer más grandes, más ligeras o más resistentes. Llega un punto que la hélice da todo lo que puede dar, y solo cambiando de paradigma, cambiando las bases del sistema puede significar un nuevo avance. Entonces se comienza desde cero y diseña algo totalmente nuevo creando el motor a reacción, mucho más potente, eficiente y que permite diseñar mejores aviones, más rápidos, seguros, grandes, etc., capaces de hacer lo que los propulsados a hélice no podían. Algunos llaman disruptivos a esos procesos.

Pensando en la política española, los partidos tradicionales presionados por una realidad que los está afectando con las aparición de nuevas formaciones más adaptadas a la realidad política pueden intentar cambiar y hacerse hélices más eficientes, tal vez más grandes, de unos mejores materiales, con otros diseños que aprovechen mejor el aire, y hasta pintarse con otros colores para ser más atractivos, etc., pero lo que realmente necesitan para sobrevivir no es eso, necesitan transformarse y convertirse en motores a reacción, se les pide un cambio de estructura, un cambio de paradigma, un cambio radical como impulsores de la sociedad, y no solo una mejora u optimización de lo que ya tienen. Y eso es sumamente complicado. Tienen sus "fábricas" diseñadas para hacer hélices, no para hacer motores a reacción, y cambiar eso va a representar desmantelar gran parte de la fábrica, adquirir nueva maquinaria, contar con nuevo personal más capaz y preparado para construir motores a reacción, invertir mucho más en I+D+I, etc., y son cambios en toda la estructura, en los procedimientos, en las maneras de pensar y en las maneras de comunicar. Cambios que deben afectar desde el primero hasta el último de sus trabajadores y por supuesto a sus accionistas y consejo directivo (o sea, a los dirigentes de esos partidos políticos).

No es lo mismo una fábrica creada hace decenas de años que producía hélices y posteriormente adaptada para hacer motores a reacción que una fábrica totalmente nueva diseñada para crear motores a reacción y además implantada pensando en la adaptación al mercado, en la investigación y en modificar su estructura de acuerdo a los cambios que vayan surgiendo en el entorno. Esa es una diferencia crucial entre las viejas y las nuevas organizaciones políticas.

Para tener una idea más clara de lo que considero adecuado para estructurar la dinámica de los partidos políticos, sobre todo a nivel interno pero también externo, os contaré lo que me decía un profesor de estrategia hace ya unos cuantos años:

"…Cuando se va a hacer un nuevo parque en una ciudad la mayoría de los arquitectos y técnicos diseñan la disposición de los caminos y senderos, y el resto lo dejan como césped, ornamentos, etc. Verás como con el paso de cierto tiempo se comenzarán a ver nuevos "caminos" sobre el césped que va haciendo el paso de mucha gente por donde los arquitectos no pensaron que pasarían. Parece algo obvio pero querer imponer a la gente su camino no siempre es la mejor idea.

¿No sería más conveniente y mejor para los usuarios hacer el parque solo de césped y esperar a que la gente lo use? Porque esa misma gente creará sobre el césped sus propios caminos y entonces sobre esos senderos es donde se construirán los caminos definitivos en base a lo que orgánicamente los ciudadanos han ido formando…"

Nuevo camino "hecho" por los usuarios (Imagen 5)

Aquí tenemos el típico ejemplo de lo que comentaba mi profesor de estrategia. Se ha diseñado una estructura según el criterio de los técnicos pero la gente, el usuario, el que realmente debería formar parte del proceso creativo, es el que indica la mejor solución. La "co-creación" de la que hablaré ampliamente luego es una de las respuestas.

En mi opinión este mismo concepto es lo ideal para los procesos creativos y la incorporación real de la gente a las estructuras de un partido político, tanto en su organización como en su funcionamiento. Reconozco que no es tarea fácil sobre todo para los partidos tradicionales, pero no por el concepto en sí, sino por la resistencia al cambio y a una mentalidad, cultura organizativa y métodos de tomas de decisiones basados en principios que van quedando obsoletos.

Los consultores políticos somos los que tenemos esa responsabilidad de incorporar estos conceptos a los partidos y propiciar los cambios.

Conceptos que considero importantes

Ahora voy a exponer una seria de conceptos que considero importantes para complementar todos mis argumentos anteriores.

La comunicación política efectiva y eficaz

Es una realidad que muchos de los problemas que se crean en las organizaciones parten del hecho de no mantener una comunicación efectiva entre todos miembros y "stakeholders" (relacionados/interesados). Las deficiencias en la comunicación integral rompen lazos y ralentiza todos los procesos de interrelación entre las personas y organizaciones. Es ya conocido que la motivación, el sentido de pertenencia al grupo, el compromiso, el "Engagement", etc., son muy necesarios para que la organización política sea exitosa.

Comunicación no es solo informar, ni siquiera "informar bien". La buena comunicación debe ser en 360º y ni siquiera bidimensional sino multidireccional, lo que significa que hay que desarrollar el cuándo, cómo y a través de qué canales se va a establecer la comunicación institucional. Para ello es necesario crear planes de comunicación adecuados y crear métodos que permitan motivar y hasta formar a los miembros de las organizaciones buscando una interrelación exitosa, efectiva e incluso afectiva. Hay que analizar todos los canales de comunicación existentes, adaptarlos, mejorarlos, incluir nuevos, eliminar otros y trabajar paralelamente el "cómo", o sea, el tono, el lenguaje, las formas, la periodicidad, el "timing", etc. La comunicación efectiva es el "pegamento" que permitirá unir a todos los miembros de una institución donde no solo se intercambian y procesan conceptos e ideas sino también emociones.

En una empresa ese "pegamento" que mantiene unidas a las personas con la organización puede ser solo el sueldo o un contrato (aunque eso habría que cambiarlo y agregar muchos otros "pegamentos") pero entre una organización política y sus afiliados más bien es al contrario, sus afiliados en vez de cobrar ¡PAGAN por serlo! lo que aumenta la necesidad de tener otros "pegamentos" que los mantenga unidos a la institución.

Igualmente ocurre con los simpatizantes y votantes que requerirán de más "pegamentos". Mientras menos "pegamentos" ofrezcamos más abandonos y menos lealtad habrá por parte de todos ellos a la marca, a la organización y a sus líderes políticos.

Escuchar es una de las claves. Como siempre digo a mis clientes, "escuchar, escuchar y escuchar" es la base de una buena comunicación. Pero no hay que quedarse allí. La gente quiere no solo que la escuchen, quiere sentirse escuchada y que además se tome en cuenta lo que dicen y se actúe en consecuencia, y eso implica establecer los métodos necesarios para que ese proceso sea completo y efectivo.

La comunicación se realiza a través de varias dimensiones, la comunicación hablada, escrita, visual, no verbal, a través de terceros, en grupos, instantáneamente o en tiempos variables, directa o indirecta, consiente e inconsciente, etc., y eso implica crear métodos para que se integren todas esas dimensiones de manera natural en los procedimientos externos, internos pero también en cada individuo, que sean "costumbres" que se adquieren para que la comunicación sea integral, adecuada y efectiva.

Es muy importante crear una cultura y una conducta de comunicación para que las personas involucradas con la organización estén dispuestas a escuchar, hacer sentir a los demás que son escuchados y a actuar en consecuencia.

La comunicación política está cambiando

A nivel comunicacional la política está cambiando claramente. Las personas están modificando sus criterios de consumo y su integración en las redes sociales hace que las sociedades sean más exigentes y menos dependientes de los medios de comunicación para acceder a la información. Está aumentando el porcentaje de personas que se informan a través de Twitter o Facebook dejando que su criterio, opinión e incluso sus acciones se basen en la información y puntos de vista que reciben a diario a través de las redes, de fuentes que se consideran veraces y otras no tanto...

Hay que tomar muy en cuenta que la información que proviene de las redes no suele ser precisamente la más ajustada a la realidad. En la afirmación de que casi todas las instituciones y estructuras de nuestra sociedad están en entredicho también se incluye a los medios de comunicación. Y muchas personas que han perdido esa confianza o lealtad a los medios tradicionales tienden a tomar como fuente de información las redes sociales. Todo esto tiene pros y contras. Desde el punto de vista del "consumidor" de noticias poder escoger la fuente, la periodicidad, la inmediatez, la comunicación bidireccional dentro de las redes, etc., las hace más atractivas y como la mejor opción para obtener información. Por el contrario la credibilidad de muchos medios que han basado sus contenidos en tendencias, ideologías manifiestas, intereses comerciales, etc., han visto mermada su reputación o credibilidad, lo que no deja de ser un problema social importante ya que la información que fluye sin ningún tipo de consistencia con el origen va creciendo cada vez más. Es muy complicado ahora, y será más en el futuro, determinar qué información es creíble, veraz o confiable.

En política un poco más de lo mismo. Los candidatos tenían generalmente a unos "intermediarios" de su mensaje que eran los periodistas, editores y responsables de canales de televisión y radios que controlaban y "retransmitían" los contenidos de acuerdo a varios criterios y filtros, unos muy profesionales y otros que dependían de otros intereses. Hoy esa realidad va cambiando. La gente quiere el contacto directo con el político, quiere no solo escucharlo o leerlo de primera mano, sino también tener la oportunidad de contestarle y ser "escuchado". Eso se logra con las redes sociales, aunque allí hay mucha tela que cortar.

Los políticos pioneros en redes sociales han tenido ventaja, pero es algo que no les durará mucho porque los demás políticos han tomado nota y pasa como en el posicionamiento de los buscadores de Internet, todo va bien y salgo de primero mientras no estén los otros. En el momento que los demás hacen acto de presencia comienza una competencia encarnecida. Allí entran los profesionales, los asesores de comunicación estratégica y política que tenemos que diseñar y gestionar una estructura adecuada a la medida de cada candidato y/o partido. Cada situación, cada persona, cada partido político y cada momento es diferente, por eso las estrategias debe ser variables, movibles, elásticas, actuales y efectivas.

El político como individuo y el partido político como institución deben saber determinar su identidad de marca. Esa identidad ya no puede ser creada artificialmente como se hacía antes. **Ahora no se tiene la identidad que se quiere sino la que te dan los ciudadanos.** Para eso debe primar la sinceridad, la transparencia, la franqueza, la claridad y la autenticidad, y se rechazará el postureo, la hipocresía o el intentar hacerse pasar por un tipo de persona u organización que no eres (Es un punto MUY IMPORTANTE a tomar en cuenta por parte de algunas organizaciones políticas relevantes en España). Hay que considerar que ahora hay una relación a muy poca distancia, podría decir "íntima" entre el político y sus seguidores donde se conquista a la gente o se espanta. Es un riesgo que hay que correr. Debe además prevalecer la calidad a la cantidad, las emociones a la información y se debe buscar "humanizar" al político.

Las reputaciones de un candidato o un partido político

La Reputación es un tema que me encanta y además es indispensable gestionarla correctamente en política. Generalmente se asocia la reputación al prestigio de una persona, empresa o institución, a su trayectoria positiva o negativa (buena o mala reputación). Pero la reputación para los que nos dedicamos a la consultoría y comunicación política es algo mucho más complejo.

Un político y un partido político dependen TOTALMENTE de su reputación. Lo que ocurre que no es un tema fácil porque cada persona tiene una percepción diferente de la reputación de una misma persona o institución. Esa percepción suele ser individual (cada uno tiene la suya) de un proceso emocional y también racional. Se toman en cuenta variables del pasado, del presente e incluso del posible futuro que pensamos pueda tener la personas o institución en cuestión.

Para una organización política su reputación puede formarse además tomando en cuenta su historia, sus protagonistas, sus acciones, su imagen y branding, su comunicación, su discurso, su liderazgo, su visión de futuro, su ideología, sus relaciones, sus problemas, sus limitaciones, sus potencialidades, etc., y además por las asociaciones mentales que cada personas hacer al compararlo con otras.

También afecta el punto de vista desde donde se crea la reputación. No es lo mismo el punto de vista de una persona que pertenece a una organización política desde joven que el de una persona que no está en la organización o que está en contra de esa organización. (Un mismo argumento, un mismo líder se verá y sentirá de manera diferente).

Sin embargo, para los especialistas en reputación las personas y organizaciones no tienen una sola reputación que cuidar y gestionar sino varias. Tienen que analizarlas, monitorizarlas constantemente y corregirlas para que vayan en la dirección deseada. Muchas organizaciones políticas ni las trabajan de manera especializada o solo gestionan solo algunas reputaciones asumiendo riesgos y posiblemente perdiendo apoyo popular.

Esas reputaciones van en función de la fuente de percepción y del objetivo, y se pueden clasificar en:

1. **La No-Reputación:** Cuando nadie conoce y el político o partido político no tiene todavía ninguna reputación. Es lo menos deseable en política. El mito "que hablen de mí aunque sea mal" puede ser devastador. Yo no aconsejo seguirlo.

2. **La Reputación Actual:** Representa lo que el político o partido político es y refleja en realidad.

3. **La Reputación Comunicada:** Se basa en lo que el político o partido político dice que es (Que no tiene por qué ser lo que es en la realidad).

4. **La Reputación Percibida:** Se produce como consecuencia de cómo ven los demás al político o al partido político (Que no tiene por qué coincidir con las dos reputaciones anteriores).

5. **La Reputación Interpretada:** Se basa en lo que piensa el político o partido político de cómo los ven los demás (Es la percepción del político o partido político de la reputación concebida anterior. Por lo general no coinciden).

6. **La Reputación Esperada:** Lo que la gente espera que sea el político o partido político ("La gente" los públicos que habrá que segmentar y trabajarlos por separado ya que cada uno puede esperar algo diferente).

7. **La Reputación Ideal:** se refiere a la reputación óptima para la organización política según sus características, potencialidades, componentes, fortalezas y debilidades.

8. **La Reputación Deseada:** Lo que el político o partido político quiere ser.

(Basado en el libro sobre reputación de Craig E. Carroll, The Handbook of Communication and Corporate Reputation, junio 2013)

Una alineación entre todas ellas apuntando hacia la "reputación Ideal" sería lo correcto aunque en la mayoría de los casos se tiende a ir hacia la deseada, la que el político o dirigentes de la organización política desean, que no tiene por qué ser la ideal o la más apropiada.

Entender estos conceptos es básico en comunicación política. El votante es el que percibe finalmente la alineación de las reputaciones (consciente o inconscientemente) y eso afecta en mucho su decisión en el voto. El consultor político debe analizar las diferentes reputaciones por separado y luego en conjunto, a través de investigación, encuestas, etc., y determinar las diferencias ("gaps"), de qué magnitud son, en qué segmentos de los públicos están, etc., para diseñar estrategias que las dirijan al punto deseado. Además es necesario un seguimiento constante porque la realidad es dinámica y el entorno y las reputaciones son cambiantes, a veces de una manera que sorprendente. Basta con que un miembro importante de una organización política sea acusado de corrupción para que estas variables cambien y se desequilibren de manera repentina e importante.

Cuando un político o un partido político no hace este análisis reputacional suele ocurrir que se encuentra con la situación de perder apoyo y no saber qué ocurre, entonces se suele cambiar de estrategia, de canales o formas de comunicación, de ideas fuerza, de estrategia, de publicidad, de discursos, de equipos de asesores, se invierte muchísimo dinero y esfuerzo, y no se ve un gran cambio en los resultados. Hacer "lo que siempre se hace", "lo que hizo otro candidato u otro partido en otro país o en otra ocasión", "dejarse llevar por la intuición o por el exceso de confianza" no son ideas recomendables.

Gestionar bien las reputaciones aumenta además la credibilidad y lealtad de los seguidores actuales y potenciales, estabiliza la imagen pública del político, la hace más resistente a los problemas y crisis que puedan surgir tanto internos como externos y le da ventajas comparativas con la competencia.

El ruido

También tenemos que tomar en cuenta el factor "ruido", el "ruido comunicacional", que es un constante murmullo en todos los canales de comunicación, en lo que habla la gente en las calles, en los bares, en los medios, etc., que afectan las estrategias de las campañas y también las reputaciones. Rumores, versiones inventadas o sacadas de contexto, tuits o publicaciones de personas reales o de perfiles anónimos, noticias sin contrastar, ironías o suposiciones que se convierten en "verdades" al repetirse sin cansancio, etc. Es un ruido constante que a veces es tan fuerte que no deja escuchar lo importante, igual que el ruido en una radio al no sintonizar bien. ¿Qué hace la gente en esos casos? cambiar "de emisora"... y eso no lo podemos permitir.

También el ruido puede ser positivo y a su vez contraproducente. Suena contradictorio pero con un ejemplo lo veremos claramente. Un político rodeado de aduladores y "palmeros" tendrá un ruido positivo "lo haces todo bien", "eres el mejor", "eres valiente", etc., pero resulta que ese ruido no le dejará escuchar las críticas, los buenos consejos, las nuevas ideas, las propuestas y hasta los reproches que pueden corregir el rumbo del político en la buena dirección.

Además el ruido puede ser:

- **Ruido Psicológico:** distracciones causadas por pensamientos internos y sentimientos de cada uno. Los prejuicios, una imagen o impresión equivocada de una persona puede ser un ruido que no nos permita captar el mensaje de esa persona, ver sus intenciones verdaderas o sentir sus alegrías y decepciones. En lo profesional los consultores también estamos afectados por el ruido y no es fácil reconocerlo. Por eso los consultores externos son muy recomendables porque tienen menos ruido psicológico con respecto a otros con ideologías e ideas preconcebidas o provenientes de la misma organización política o de sus círculos cercanos.

- **Ruido Semántico:** diferentes concepciones de una palabra o símbolo para cada persona. Los mensajes simples son ideales porque tienen menos riesgo de producir estos ruidos semánticos. Cuando se utiliza un lenguaje complicado, largo, disperso, etc., corremos el riesgo de que se interprete de una manera diferente y se entienda algo que no era lo que se quería comunicar. Hablar claro, simple y directo, con palabras que no se presten a malas interpretaciones es lo ideal para evitar este ruido.

- **Ruido Físico:** interferencia física visual o auditiva. Lo vemos mucho en la producción de la publicidad, las redes sociales, etc. Un cartel mal diseñado puede quitarle la importancia que queremos para un candidato, para un mensaje escrito o para un símbolo. Un vídeo mal producido igualmente puede agregar este tipo de ruido al mensaje que queremos transmitir o la emoción que queremos provocar, por ejemplo con una música no adecuada, con unas imágenes que no va a acorde al mensaje, una mala calidad de producción, etc. Lo mismo ocurre con una página web mal diseñada o estructurada, un tuit lleno de hashtags que deja invisible el mansaje de texto, etc.

La labor del consultor político es evidente, monitorizar constantemente todos los "ruidos" que hay en todos los canales de comunicación, en la opinión pública y hasta en la mente de las personas (ruido psicológico) y trabajar para minimizarlos todo lo posible y permitir que se "escuche" claramente el mensaje y los argumentos.

La "co-creación" política

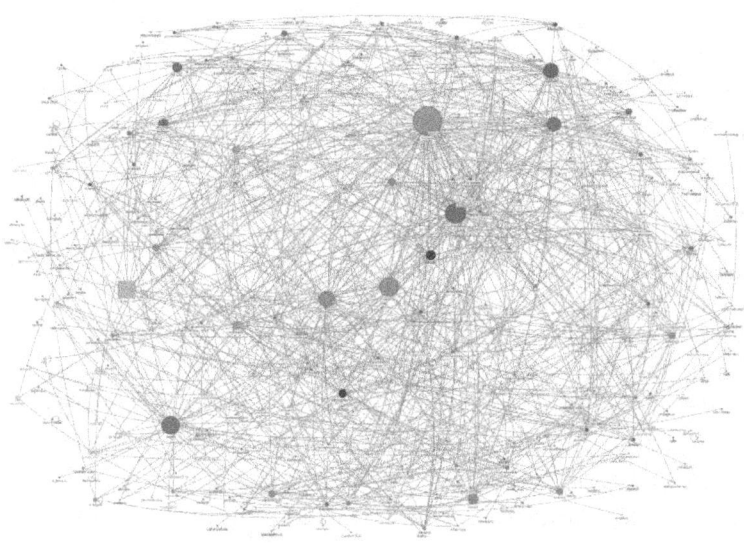

Representación de comunicación en nodos a través de la co-creación (Imagen 6)

"El Todo es más que la suma de sus partes"... una frase de una gran sabiduría. La "co-creación" en la política es un proceso más bien reciente donde ya no solo se le dan opciones al votante sino que pasa a ser parte integral del proceso creativo y productivo. Actualmente es cada vez más necesario entender que el ciudadano quiere formar parte del proceso (o por lo menos que se le ofrezca la oportunidad de hacerlo y él decidirá voluntariamente si lo entra o no...). Quiere estar en contacto directo con la el político, quiere ser tomado en cuenta, quiere ser escuchado y quiere que su opinión y propuestas formen parte de la creación o "co-creación" del "producto" final.

En el mundo empresarial y corporativo vemos que se intenta dar al cliente el poder de decidir sobre el diseño del producto, características físicas, distribución, formatos, usos, segmentación y hasta la venta. Ahora puedes diseñarte el producto en una página web y luego te será enviado a casa, ya no es solo la empresa al que decide qué y cómo son sus productos.

El cliente no quiere intermediarios, quiere estar en el proceso de creación del producto, quiere tener contacto directo e inmediato con el responsable de la empresa. Es un proceso natural donde la gente quiere sentirse "parte de", quiere sentirse que ha colaborado en el proceso de creación, quiere estar, quiere que se le brinde la oportunidad de participar (con la libertad de decidir si participa o no). Es en realidad el "empoderamiento" de la sociedad a través de su participación e influencia en los procesos y sistemas (sé que esta palabra "empoderamiento" tiene diferentes connotaciones. Yo asumo la que creo correcta para nuestro contexto).

La corporaciones y los políticos tienen que entender que se ha acabado el tiempo de las organizaciones monolíticas con sistemas de organización férreamente jerarquizadas. En nuestro caso el político que no entienda esto está emprendiendo un camino directo al fracaso. Este "empoderamiento" de la sociedad es un proceso imparable, una realidad sin vuelta atrás que viene de abajo hacia arriba y que surge como exigencia de la sociedad misma.

Y esta realidad **hay que verla como una gran oportunidad**. Por estadísticas y probabilidades una persona puede equivocarse, 10 personas pueden equivocarse, 1.000 personas pueden equivocarse, 100.000 también pueden equivocarse, 1.000.000 de personas pueden equivocarse pero la probabilidad que cometan errores y de que no se corrijan va disminuyendo de manera inversamente proporcional a la cantidad de personas que entran en el proceso de creación e incluso de toma de decisiones (con sus excepciones, como veremos más adelante).

Y este concepto y metodología creativa es mucho más poderosa cuando ese millón de personas además de crear son parte del proceso posterior, quiero decir, que además de ser parte de los procesos creativos del proyecto político son los que lo voten en las próximas elecciones. Al sentirse parte del proceso, de que han tenido la oportunidad de participar, de opinar y de ser escuchados, al ver que los sistemas y procedimientos son realmente colectivos, imparciales, seguros y justos, es muy probable que voten por esa opción. El "engagement" será mucho mayor, la lealtad a ese proyecto será mucho mayor, la resistencia a las crisis será mucho mayor y eso en política significa actualmente influencia y éxito.

La "co-creación" política debe tener como premisa básica la comunicación libre, abierta y equitativa bidireccional y multidireccional entre todos. Las sociedades la comienzan a considerar como un "deber" de las organizaciones políticas a incorporarla en sus procesos creativos y de toma de decisiones. Las generaciones "Y" y "Millennials" ya traen "de fábrica" al concepto de la "co-creación".

Hay que pensar que la concepción del triunfo en política también deberá cambiar para considerarse como la oportunidad de hacer el bien a los demás asumiéndose como un compromiso real y no como un éxito individual del político o de la organización política. Y en parte será como consecuencia de la "co-creación" donde no se habla de triunfos individuales sino de "triunfos colectivos" o "de todos". Tiempo al tiempo...

En política "co-crear" tiene sus consecuencias pero "co-decidir" va mucho más allá y sus implicaciones son mucho más trascendentes.

¿Pueden cohabitar la democracia representativa, la "co-creación" y la "co-decisión"? Por supuesto que sí. Habrá que delimitar bien las estructuras y sistemas de toma de decisiones para que sean eficientes, eficaces, justas, fluidas y productivas.

Generalmente los procesos de "co-creación" y "co-decisión" se realizan a través de plataformas y recursos tecnológicos que facilitan y abaratan los procesos. En la gestión empresarial la "co-creación" se relaciona mucho con la innovación abierta y se estimula la competición de los participantes en el proceso. Una competición sana pero necesaria para incentivar la participación. Generalmente la competición no se basa en ganadores y perdedores pero sí en un ranking o jerarquización de las personas más influyentes dentro de todos los participantes. En política no se puede concebir de esa manera porque si se utilizan solo plataformas tecnológicas participarían las personas que habitualmente las utilizan o tengan más acceso o conocimientos por lo que habrá que darle la misma oportunidad de participación a todos los ciudadanos sin rankings o competencia entre ellos utilizando más herramientas y canales de participación.

La "co-creación" se puede realizar distribuyendo acciones a través de diferentes redes que se forman de manera separada pero que están interconectadas en diferentes nodos. De esa manera se crea un sistema muy complejo de miles de terminales que aportan a un nodo y cada nodo a su vez se conecta con los otros nodos para crear un "mega-sistema" interconectado de "co-creación". Generalmente se asignan labores sencillas, cortas, simples a cada persona (o esta decide hacerlo libremente sin necesidad de asignación ninguna). La suma de miles de pequeñas tareas alimentan los respectivos nodos que van formando un todo mucho más completo. En este caso vuelve a ser muy apropiada la frase "el Todo es más que la suma de sus partes…".

Pero para que realmente sea un crowdsourcing productivo y exitoso en política se tienen que cumplir además estos requisitos:

Diversidad y cantidad

En la "co-creación" política es muy inusual que las propuestas surjan de personas individuales o de grupos homogéneos de personas. La diversidad y el número de personas que participa son determinantes para que el proceso creativo sea eficaz. El hecho de segregar a las personas que participan por su ideología, gustos, preferencias, origen, rechazos, afinidades, edades, conocimientos, sexo, etc., puede ser un factor distorsionador. Esto no es fácil en política porque en un partido político suele haber gente más o menos homogénea con una ideología y formas similares de ver a la sociedad. Personas diferentes, con ideologías y preferencias diferentes ofrecerán un abanico mucho más amplio de soluciones, conseguirán un número mucho mayor de alternativas y abrirán nuevos horizontes y puntos de vista a los demás participantes. Personas con ideologías, preferencias o ideas similares crearán de manera limitada, sesgada y no tendrán la amplitud creativa necesaria ni serán capaces de dar con todas las soluciones y posibilidades.

En cuanto al número de participantes mientras más sean será mejor por lo que hablábamos antes sobre las ventajas de tener

1.000.000 de personas creando y detectando errores que solo unas pocas.

El autor Surowiecki decía:

> "Un largo grupo de personas son más capaces que una élite de los mejores, no importa lo brillantes que sean. Este largo grupo resolverá mejor los problemas, fomentando la innovación, tomando decisiones con sabiduría y prediciendo el futuro".

Pero para que un colectivo, un gran colectivo, sea realmente "inteligente" como nos describe Surowiecki deben cumplirse TODOS estos requisitos que estoy detallando.

Independencia

Uno de los requisitos importantes para que la "co-creación" tenga éxito es que todos los miembros que colaboran tengan una total independencia de opinión y participación con respecto a los demás. Esa diversidad de la que hablábamos se perdería y se tendería a la homogenización de pensamientos lo que empobrecería los resultados, habría menos propuestas, menos ideas y menos soluciones.

Capacidad y procesos de síntesis

Dentro del proceso "co-creativo" debe existir uno o varios "sub-procesos" internos de síntesis ya que el volumen de información recabada de todos los participantes puede ser inmenso y hacer imposible visualizar soluciones sino se procesan y concretan en puntos claramente determinados y objetivos. El procesamiento de todas las aportaciones debe ser realizado de una manera totalmente imparcial. En la "co-creación" política suele ocurrir que el criterio de unos pocos en puestos clave filtra y determina los resultados colectivos para mover la balanza en favor de sus opiniones, preferencias o conveniencias particulares. Estas situaciones lamentablemente desvirtúan los procesos "co-creativos" y los pueden convertir de manera manipulada en una "legitimación" de las ideas y propuestas de una cúpula.

Posibilidad de participación Igualitaria

Antes he hablado de este requisito. Todas las personas que participan en la "co-creación" deben tener la misma posibilidad de participación y ésta debe ser voluntaria. Si solo hay disponibles plataformas digitales de participación estaremos dejando fuera del proceso creativo a todas las personas que se les dificulta o no tienen acceso a esas plataformas.

Un proceso de participación desigual en cuanto a la ubicación geográfica también desvirtuará la "co-creación". Si solo pueden participar las personas que viven en grandes ciudades porque el proceso se hace con presencia física de los participantes dejaremos fuera a los que no pueden trasladarse a los lugares de concentración, a los que no pueden por problemas de disponibilidad de tiempo, horarios, etc.

Si no se ofrece la misma posibilidad de participar a todos se estará segmentando de manera indirecta y hemos visto que otro requisito precisamente es la diversidad por lo que serían dos requisitos que no se cumplirían a la vez.

Temática

En los procesos de creación colectiva no se pueden tratar todos los temas. Muchos problemas y realidades sociales no son del conocimiento de la mayoría por lo que su participación se puede ver limitada, puede ser nula o errónea. El gran número de participantes no garantiza que en determinados temas la experiencia y el conocimiento necesario para tratarlos y conseguir un posicionamiento o solución sea el adecuado, lo que puede ser causa de resultados inconvenientes, pobres, limitados o erróneos.

Aunque sean 1.000.000 de personas en el proceso creativo, si hablamos de conseguir una solución a un problema de inestabilidad de los átomos clásicos en la mecánica cuántica, el proceso de "co-creación" puede ser ventajoso igualmente pero segmentando y clasificando a los participantes de acuerdo a sus conocimientos, etc.

La "co-creación" no es una panacea universal

A la hora de crear políticas y medidas de gobierno no siempre podrá aplicarse la "co-creación" porque los resultados pueden ser desastrosos. Imaginaros que hay que decidir en un pueblo donde se ubicará el relleno sanitario o una planta de tratamiento de basura. Aunque participen todos los habitantes del pueblo en el proceso seguramente ninguno querrá que se ubique cerca de su vivienda porque significará soportar olores desagradables, tránsito diario de camiones, etc., y del proceso creativo (y en este caso consultivo) y no saldrá ninguna solución o siempre se impondrá la opinión del sector geográfico donde resida la mayoría de gente que participa, algo que puede no ser justo ni conveniente para el conjunto de habitantes del pueblo, técnicamente posible o más costoso.

En muchos casos la responsabilidad del político tendrá que ser asumida y no delegarla al colectivo. Es muy importante tomar en cuenta el hecho de que el proceso de "co-creación" política puede ser un arma de doble filo porque para las decisiones difíciles o comprometedoras el político puede tener la tentación de librarse de responsabilidades y llevarlas a procesos de "co-creación" pero como una manera de trasladarle el compromiso y la responsabilidad a los ciudadanos en caso que algo salga mal. Suele ocurrir que si sale bien es un éxito del político pero si sale mal se justificará porque "fue una decisión de la ciudadanía".

Como conclusión puedo comentar que la "co-creación" política requiere de cierta madurez de la sociedad para determinar cuándo es conveniente aplicarla y cuando no. También requiere de organizaciones políticas limpias y transparentes que garanticen que todos los requisitos anteriores se cumplen. Es fácil entonces concluir que hasta el momento NINGUNA organización política en España aplica en su totalidad y aprovecha realmente los beneficios de la "co-creación" política ya que ninguna cumple con todos los requisitos.

Ni siquiera los nuevos partidos políticos llamados ahora "emergentes" los cumplen. "Podemos" que es un partido que se ha caracterizado en sus inicios por la participación ciudadana, la toma de decisiones colectivas de abajo hacia arriba, etc., no cumple con todos los requisitos de la "co-creación". En cuanto a **la diversidad** no la cumple porque se tiende a la homogenización de pensamiento, no cumple el proceso de **síntesis** porque miembros del mismo partido han denunciado en diversas oportunidades que los procesos internos han sido influenciado por los políticos y dirigentes más "mediáticos" para tender la balanza a su favor, no cumple con la **participación igualitaria** porque sus procesos se basan principalmente en plataformas digitales que limitan la participación a personas que pueden acceder a esas plataformas y le dan ventaja a las personas que más utilizan las tecnologías, redes, ordenadores y apps para móviles.

Es cierto que se organizan en círculos locales y de otros ámbitos que son presenciales pero evidentemente el mundo digital lleva la batuta en sus procesos. De todas formas sean pocos o muchos los pasos que se den para acercarse a la "co-creación" y beneficiarse de ella suelen ser productivos para el proceso creativo y por supuesto que también para la organización política. Hay que reconocerle a "Podemos" que ha incorporado en sus procesos, aunque sea parcialmente, un principio de "co-creación" que otras organizaciones están comenzando a desarrollar, eso sí, cada una a su estilo.

Ciertamente es una forma muy interesante para crear de manera eficiente, amplia, económica, eficaz, participativa, con menor posibilidad de equivocaciones, altos índices de "engagement" y lealtad a la marca, rápida capacidad de afrontar cambios del entorno y adaptarse, etc.

Como un ejemplo real de "co-creación" puedo citar a "Linux", pero corporaciones y marcas globales, cada una con sus características particulares, también lo están incorporando a sus procesos de innovación. El "Car Design Contest de Opel", las "Ideas For Unilever", el "LEGO Design By Me" son algunos ejemplos específicos de proyectos. Corporaciones como "Procter and Gamble", "Orange", "Starbucks", "Sun Microsystems", "Heineken", "Walmart" entre muchas otras lo están haciendo.

También se está aplicando mucho la "co-creación" en el nuevo "emprendimiento social", en iniciativas de "shared value" (valor compartido) y en los proyecto de economía circular. En casos de gestión pública algunos países están incorporando los procesos de "co-creación" en proyectos, soluciones para los espacios urbanos, iniciativas para la conservación del medio ambiente, programas de estudios universitarios, etc., algunos con resultados sorprendentes.

La política es música…

Siempre les digo a mis clientes y a mis alumnos de los másteres donde tengo la suerte de colaborar como profesor "La Política es como la música"... La música nos toca, nos mueve, nos emociona, nos trae recuerdos, nos alegra, nos acompaña, nos hace pensar, nos hace meditar... La política DEBERÍA igualmente movernos, emocionarnos, hacernos pensar, hacernos meditar, etc., pero dependerá mucho de los líderes políticos, de su manera de comunicar, de los canales de comunicación, de los valores que defiendan, de su tono, de su lenguaje, etc.

En la música hay numerosos estilos, tipos, tendencias, modas, etc., pero al igual que en la política muchas veces la calidad no tiene mucho que ver con su éxito. En España, los éxitos del verano son canciones muy pegadizas y muy simples. Los inolvidables temas primeros en ventas de épocas pasadas como "El Chiringuito", la "Macarena", "Aserejé", etc., (donde no es precisamente la profundidad del mensaje o la calidad interpretativa de los músicos o cantantes lo que las caracteriza) han sido tremendamente exitosos. Estas canciones han movido a millones de personas y se cantan, bailan y recuerdan muchos años después. Mientras que la música ejecutada por músicos muy virtuosos en géneros clásicos, jazz, etc., venden muchísimo menos salvo muy pocas excepciones. En su mayoría no son conocidos y si hablamos de ventas o cuotas de mercado no tienen ni por asomo el éxito de la música comercial pura y dura ¿Y esto por qué?

En este paralelismo con la política se deduce que el político muy preparado, que tiene un discurso completo, con análisis exhaustivos de la realidad, con propuestas realistas, etc., puede que no sea precisamente el que tenga más éxito. Y repito la pregunta anterior ¿Y esto por qué?

Estas preguntas me las hice hace ya muchos años. Especialistas en varios campos científicos han ido llegando a la conclusión de que la decisión del voto y la preferencia política es más emocional que racional (al igual que la música). Lo explicaré con más detalle en el siguiente punto de los "3 Cerebros".

La música no es solo una suma de ondas sonoras en distintas frecuencias que resuenan en nuestros tímpanos. Cuando escuchamos música entran factores racionales **pero también muchos otros emocionales**. No es solo las notas, la melodía, la armonía y la manera de ejecución del músico o cantante. Es el entorno, los recuerdos, el momento, la situación en la que la escuchamos, dónde la escuchamos, con quién estamos cuando la escuchamos, nuestro estado anímico, etc., etc., etc.

Pero ¿Qué determina que un tema sea el exitazo del verano? No hay reglas específicas pero puedo afirmar que muchas de estas canciones tan populares tienen en común que **son simples, repetitivas y además vienen acompañadas de una maquinaria importante de marketing, dinero y medios de comunicación**. El intérprete también es un producto que requiere de una imagen y una marca personal.

Hay una gran cantidad de raperos, estrellas del Pop o del rock muy famosos y exitosos pero no hay muchos violonchelistas, oboístas o clarinetistas tan famosos y exitosos (que yo sepa), sean lo virtuosos que sean o que toquen esos instrumentos con toda alma y el corazón. Ellos también pueden emocionar al que los escucha pero el éxito masivo va por otros derroteros. Hay mucho más que preparación, técnica, conocimientos, maneras de interpretar y hasta la emoción que produce escuchar la música. Para ser un éxito masivo debe existir una "conexión" con la sociedad, hay ponerse en sintonía con el "alma" que fluye en el colectivo, tocar la frecuencia correcta para que vibre la fibra de las mayorías, hablar en la misma "frecuencia" que se habla en la calle, en las casas, en los bares, en las universidades, en los sitios de trabajo, etc. Pero adicionalmente a todos esos "atributos" hay que tener un gran apoyo de campañas de comunicación y marketing en los medios de comunicación y redes sociales para causar ese gran impacto. Si la música no se oye nunca será un éxito masivo, sea la música que sea y sea el cantante que sea.

Si una canción es la de una película, si la cantan en un evento televisado importante con un gran escenario y una producción espectacular, si viene acompañada de una campaña tremenda en emisoras de radio, programas de televisión, etc., para que sea escuchada decenas de veces al día, si es sencilla, fácil de cantar y **pegadiza**, es muy probable que sea un éxito. Pero si es una canción muy larga, con una letra profunda y complicada, difícil de cantar o seguir, con palabras rebuscadas y musicalmente compleja será muy difícil que sea un éxito (El término "pegadiza" es sumamente importante si lo trasladamos a la política).

En este sentido la política es muy similar a la música ya que no solo es lo que se dice, no solo es el argumento o razonamientos que un político nos comunica para convencernos. ¿Qué hace que un proyecto político o un político particular sea "pegadizo"? Aquí entran de lleno las variables que mueven emociones como por ejemplo la manera de hablar del político, su "storytelling", su tono, las palabras que utiliza, si evoca nuestros recuerdos, nuestros valores, nuestros principios, nuestros miedos, nuestros deseos, nuestras ilusiones, nuestras rabias, nuestras decepciones con otros políticos, nuestros pensamientos, nuestra ideología, nuestra situación personal, nuestro entorno, lo que nos preocupa, si nos hace llorar, si nos hace gritar, si nos hace reír... Pero al igual que el éxito musical debe ser simple, repetitivo, fácil de seguir o repetir, venir acompañado de una gran campaña de comunicación, marketing y medios de comunicación y el artista/político debe tener su propia marca personal exitosa. En la suma de todos esos elementos anteriores está el éxito masivo.

¿Entonces el político/músico tiene que fijarse mucho más en la forma que en el fondo? ¿El político/músico diferente, original, extrovertido, con carisma, que habla bien, que comunica bien, que es guapo y que es fotogénico y que está "a la moda" es el que tiende a triunfar? ¿El político/músico que apoyan los medios son los que triunfan? ¿Para tener éxito como músico/artista/político no cuenta tanto la preparación como el tener mucho desparpajo, soltura, ser muy bueno delante del micrófono, excelente imagen y marketing? ¿Qué guste/emocione una canción/campaña política depende de la simplicidad del mensaje y de la repetición? ... pues sí... con matices y algunas excepciones, pero sí... es una realidad aunque no sea lo más conveniente para nuestra democracia y sociedad.

De hecho hay otra situación que me confirma que la política es como la música. El exceso de fuentes de información y la facilidad de acceso a esas fuentes a través de los medios, páginas web, redes sociales, televisión, radio, prensa, etc., etc., etc., hace que la sociedad tenga que filtrar, que pasar por diferentes tamices la ingente cantidad de información. Y para ello está recurriendo a **"las listas de éxitos"** (Analogía con la música). La gente no está profundizando en las noticias, son cientos por minuto, y prefiere leer solo los titulares, y si alguno es especialmente interesante entonces entra y lo lee. Pero sabemos bien cómo se hacen y qué criterios se manejan a la hora de crear un titular... y de hecho, Twitter es en realidad una lista interminable y constante de miles de titulares paseando por una ventanilla que nos permite leerlos una tras otros en corto tiempo.

Nos acostumbramos a eso y la realidad informativa nos lleva a eso, a leer solo titulares. Listas de éxitos que no tienen por qué seguir criterios de veracidad, objetividad, ética profesional, etc., pero que muchos los consideran como sus fuentes de información (y además formadoras de opinión). Una simplificación de contenidos abrumadora que reduce y hace difuso el proceso individual de creación de criterios propios. Me preocupa pensar que el futuro de una sociedad depende de decisiones individuales y colectivas basadas principalmente en la lectura de titulares (siguiendo la metáfora, de escuchar solo "listas de éxitos", donde no se incluyen otras canciones de artistas menos conocidos o que no salen en la tele, donde no entran otros estilos que no están en la rueda del gran mercado, no se escuchan otros autores, otras bandas o grupos que también aportan riqueza a la cultura). En el tema de la política leyendo solo titulares no analizamos argumentos, no tenemos bases sólidas para tomar las decisiones, solo seguimos una suma de cientos de impresiones generales, simplistas y superficiales de unas pocas palabras de las cuales concluimos posibles "realidades", las asumimos como ciertas y formamos nuestra opinión y hasta actuamos en consecuencia.

Esto me hace recordar que en Estados Unidos, cuando Adlai Stevenson estaba en campaña presidencial contra el candidato Dwight Einsenhower, una mujer le comentó en voz muy alta a Stevenson - ¡¡¡Toda persona pensante te votará Adlai!!! - y Stevenson respondió - "Señora no es suficiente, para ganar necesito una mayoría..."

Con esa simple pero contundente frase Adlai nos deja las razones del porqué algunos políticos y sus consultores tienden a bajar el nivel todo lo posible en los mensajes políticos porque consideran que la masa tiene una capacidad de comprensión y de esfuerzo por entender limitada. Pero en realidad lo que sucede es que ese tipo de comunicación tiende a influir más en sentimientos e instintos, además son más difíciles de cuestionar, imposibilitan el ataque del contrario y la "contra argumentación", son más fáciles de recordar y pasan a ser **"pegadizas"** (Analogía con la música). Nadie estará en contra de terminar con la pobreza, de mejorar la educación o la sanidad o subir las pensiones. Entonces, ¿para qué decir más? (Un hecho que nos tiene que poner a pensar seriamente por las connotaciones y consecuencias que esto puede tener a la hora de las promesas electorales y los programas de gobierno).

Realmente preocupa que los políticos quieran bajar "el nivel del discurso" y considerar más importantes las apariencias, las formas, las frivolidades, etc., además es importante en este punto recalcar que NO HAY QUE CONFUNDIR lo "simple" con lo "simplista".

En esta analogía con la música debemos reflexionar en el hecho de que si utilizamos los mismos mecanismos y procedimientos para encumbrar a los políticos que para hacer exitosos a los artistas, a un cantante o a un DJ famoso, nos enfrentaremos al gran problema de que un artista luego de su éxito sigue con su vida privada y no afecta a nadie más, pero el político exitoso tendrá la gran responsabilidad de dirigir una nación, una región, una ciudad o un pueblo y en sus manos estará el futuro de toda una sociedad, pudiéndola llevar también al éxito pero también al fracaso más absoluto.

Es algo para ponerse pensar y preocuparse ¿No creéis?

Los 3 cerebros

Enlazando con el tema anterior me gustaría referirme ahora a los "3 Cerebros". Una de las diferencias más importantes entre los cerebros de los animales más primitivos y los humanos es que nosotros tenemos más estructuras cerebrales y más complejas, sin embargo tenemos partes que son similares a otros animales que hoy son fósiles.

Hay muchos estudios científicos al respecto y una de las teorías simplificadas asume que el cerebro humano posee una estructura fisiológica que se puede dividir en "3 cerebros" (Simplificando mucho porque a nivel neuro-científico es algo mucho más complejo). Podemos entonces hablar de 3 "partes" del cerebro que actúan como órganos separados pero totalmente interconectados.

El primero o más profundo es el cerebro reptiliano (reptil) que incluye además el tronco del encéfalo y el cerebelo heredados de animales ancestrales. Controla lo instintivo, lo primario que necesitamos para sobrevivir con el control y procesamiento de sensaciones como los olores, sabores, apreciaciones de la distancia en la vista y el oído, dolor y placer físico, pánico, etc.

Algo muy importante a tomar en cuenta es que los estímulos que son controlados por el cerebro instintivo no tienen por qué captados ni respondidos de manera consciente por la persona, por lo que a este nivel se puede manipular y condicionar conductas sin que las personas se enteren de ello. Imaginaros lo potente pero a la vez peligroso que puede ser la manipulación de variables que sean capaces de estimular a este nivel a las masas sin que sean conscientes de dicha manipulación "subliminal".

En las grandes campañas de adoctrinamiento de la historia se utilizaron estas técnicas. Actualmente en teoría están prohibidas o son consideradas "no éticas" pero hay que tener en cuenta que no es algo "blanco o negro", hay tonos grises y matices. Además los estímulos al cerebro reptiliano pueden ser técnicamente conscientes pero funcionalmente inconscientes por lo que de esa manera puede "engañarse" a los mecanismos de control normativo o ético.

Siguiendo dentro del cerebro, en capas más externas o superiores tenemos un cerebro "medio" que controla las emociones y los sentimientos más profundos como miedos, rechazos, alegrías, tristezas, satisfacciones, etc. Igualmente pueden ser estimulados de manera consciente e inconsciente con las consecuencias que he mencionado anteriormente si se hace de manera masiva sobre la población.

En la capa externa o superior tenemos el "córtex" que representa aproximadamente el 80% de la masa cerebral, el que llamamos cerebro racional, que controla y procesa lógico, la información objetiva aunque también la motivación, las ideas, la ética, las opiniones, los factores morales y los valores individuales entre otras variables.

Es una manera muy simple de explicar algo sumamente complejo pero a este nivel nos vale a los comunicadores políticos para conocer las herramientas y trabajar sobre ellas.

Yo luego de leer mucho y reflexionar he completado a mi manera esta teoría con un cuarto cerebro que sería el "espiritual", pero eso es otro tema para escribir una decena de libros…

De todos estos estudios de la neurociencia sobre el cerebro surge el "neuromarketing" y el "neuromarketing político" porque aplicando estos conocimientos de la neurociencia y los "3 cerebros" (versión simplificada) es posible realizar investigaciones de mercado a través de los procesos de estudio de las reacciones cerebrales. Aunque son procedimientos que todavía no garantizan unos resultados exactos y siguen en proceso de experimentación y mejora, los profesionales de la comunicación política y marketing político podemos tener una idea efectiva de qué sienten, que perciben y cómo pueden reaccionar las personas con nuestras propuestas.

Se sientan a grupos de personas seleccionadas y se les ponen sensores en la piel, otros para el seguimiento del iris, se les mide frecuencia cardíaca, la amplitud torácica, se utiliza además el electrocardiograma, el electroencefalograma y la Resonancia Magnética Funcional entre otras herramientas… ¡Totalmente enchufados a máquinas! ¿Para qué? Pongo un ejemplo: A una persona totalmente monitorizada de esta manera se le muestran varias fotografías de un candidato político con diferentes expresiones en la cara, o con diferentes colores de fondo, de frente, de perfil, de medio cuerpo, solo de rostro, solo y acompañado, y muchas otras combinaciones posibles, y se miden las reacciones a cada cambio. Al tener identificadas las regiones que controlan instintos, sentimientos y pensamientos racionales es posible inferir ciertas hipótesis que pueden llegar a ser ciertas, determinando qué color es el que más gusta para un candidato, que tipo de imagen, qué expresiones faciales son aceptadas o rechazadas, qué tipos de letras, que textos o slogans, qué palabras y argumentos utilizar, cómo deben ser las fotografías, qué mostrar en los vídeos y la publicidad, etc. (En marketing de productos también se puede determinar qué sabores son los más aceptados en los comestibles, qué tipos de empaque, determinar colores, olores, etc.) y de esta misma manera con cualquier otra variable que queramos evaluar los especialistas en comunicación y marketing político.

Luego solo queda procesar esa información recabada de varias personas seleccionadas por su edad, sexo, nivel cultural, lugar de residencia, preferencia política o ideología, etc. ¡Y ya lo tenemos! Otra herramienta que nos puede dar una mejor idea de qué utilizar, qué no utilizar, qué potenciar y qué reducir o eliminar, pero no solo de nuestro candidato sino también sobre las fortalezas y debilidades (un análisis DAFO – Debilidades, amenazas, fortalezas y oportunidades) de los candidatos contrarios.

La selección de las palabras, las imágenes, vídeos, colores, sonidos, música, el tono de la voz, la narrativa, la historia, la "humanización" de la política y muchos otros elementos que afectan las emociones de una campaña pueden ser determinantes tanto en un sentido positivo como negativo.

Cabe recordar que las emociones no son siempre "buenas" y positivas. Pueden despertar lo peor del ser humano, reacciones extremas, violentas y muy negativas por lo que el uso irresponsable de estas herramientas a nivel masivo puede ser devastador.

A la hora de la toma de decisiones en cuanto al tema político y al voto (al igual que con la música) hay varios estudios científicos que concluyen que gran parte de esas decisiones las tomamos con el cerebro medio, o sea, el que gestiona las emociones, y en menor proporción con el "córtex" que gestiona lo racional, la moral, los valores, etc. y el cerebro instintivo.

Un buen consultor político tiene que lograr que su(s) candidato(s) hable(n) siempre en el plano emocional, algo que puede ser innato pero que también puede aprenderse y perfeccionarse. Además es muy complicado para un consultor intentar contrarrestar una campaña emotiva del adversario con planteamientos racionales, lógicos y estadísticos. Tendrá muy pocas posibilidades de lograrlo. Por el contrario, una campaña emotiva (y/o que toque elementos instintivos) reforzada con argumentos lógicos puede ser imbatible. En algunos casos, si no se tienen argumentos de peso entonces hay que dirigir todos los recursos a las emociones y los instintos.

Por esa razón se consideran muy importantes variables como los colores, la música, las imágenes, los vídeos, la utilización de metáforas, el "storytelling", etc., ya que generalmente son muy efectivos a la hora de despertar emociones.

Quiero comentar que se tiende a creer dentro del campo de la comunicación política que si tenemos un público muy formado intelectualmente (y en el tema político) tendríamos que ser más racionales en nuestras campañas pero no lo considero acertado ya que a mayor formación posiblemente se cuestionen muchos más los argumentos que propongamos y eso alejará a muchos, por lo que sigue siendo muy conveniente ir a por las emociones en todos los públicos.

Es interesante el hecho de que debido a nuestro proceso evolutivo la comprensión de emociones como las posturas, gestos faciales, etc., (la comunicación no verbal) está ubicada a un nivel profundo del cerebro ya que identificando esas expresiones de otros humanos o animales podíamos ser capaces de reconocer el enfado, ira o la intención de atacar y de esa manera preservar nuestra vida (una prueba de ello es que compartimos esas misma emociones con animales mucho más primitivos que nosotros).

Ésta es una de las razones del por qué **la comunicación no verbal juega un papel tan importante en la política**, y por supuesto en la comunicación política.

El lenguaje corporal del político Regla Mehrabian

Debido a lo explicado en el punto anterior la comunicación no verbal es sumamente importante para conectar o influenciar en las demás personas, consciente o inconscientemente y en consecuencia es determinante en la política y en la comunicación política.

Cuando hablamos utilizamos gestos, posturas, movemos las manos, las cejas, la cabeza, usamos las expresiones faciales y el resto del cuerpo (unos más que otros) para que la(s) otra(s) persona(s) capte(n) realmente lo que queremos transmitirle.

También se suele incluir en este tema a la manera de vestir, respiración, tono de voz, la intensidad de los cambios o movimientos en todas estas variables o lo contrario, etc.

Incluso se toma en cuenta el entorno. Si utilizas o no atril, micrófono en mano o de solapa, en una posición con respecto a la del público en un lugar más alto, de igual altura o más bajo, utilizar material de apoyo o no, etc.

La regla del psicólogo alemán Albert Mehrabian nos dice (en valores aproximados) que cuando comunicamos emociones y sentimientos, más del 90% del mensaje recae sobre la Comunicación No-Verbal. La regla dice que solo un 7% de lo que recibe público proviene de lo que hemos dicho (palabras, conceptos o argumentos). El 55% del lenguaje corporal (gesto, postura, mirada, posición y movimiento de las manos, etc.) y el 38% restante de la voz (tono, volumen, entonación, ritmo, etc.). Son proporciones aproximadas, no exactas, pero dan una idea de lo importante que es el cómo sobre el qué.

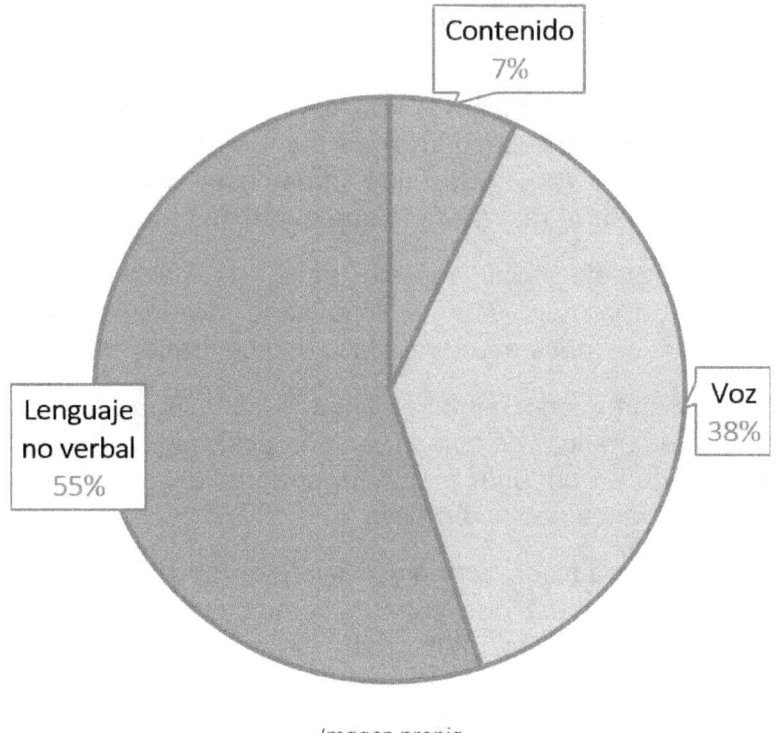

REGLA MEHRABIAN

Contenido
7%

Voz
38%

Lenguaje
no verbal
55%

Imagen propia

Es importante recalcar que Mehrabian decía que esa regla se cumple solo cuando se quiere comunicar emociones, que es lo que un político debe hacer para movilizar a sus votantes, a los votantes potenciales y sobre todo a los indecisos y a la abstención.

Por eso vemos que los políticos y los medios de comunicación le están dando mayor importancia a estas variables. Se asume como importante qué corbata se lleva, quién le da la mano a quién, cómo le da la mano, qué posición tiene en las fotografías, el corte de pelo, la sonrisa, el gesto, el "postureo", los colores de la ropa, el porte, el escenario, la simbología, etc., etc., etc... algo que tiene su sentido para comunicar y ganar adeptos por lo explicado anteriormente **PERO DE NINGUNA MANERA** debe ser lo más importante en el desempeño profesional de un político. Su prioridad debe ser la de servir a los ciudadanos.

¿Cómo debe ser una campaña electoral exitosa?

He ido contando a lo largo del libro sobre la comunicación política, las variables que afectan la toma de decisiones en los votantes, herramientas, razones, contenidos, incluso he hablado de nuestra democracia y hasta he escrito una de mis propuestas para intentar mejorarla. Todo para crear un marco de referencia (Como dice en su famoso libro George Lakoff - "No Pienses en un Elefante") y poder llegar a este punto con un escenario ya dibujado y definido.

Cualquier consultor político o periodista dedicado al tema político dirá que cada campaña es diferente, incluso en el mismo ámbito y con los mismos partidos políticos y candidatos. Cada momento es diferente y se ve afectado por variables internas y externas, individuales y colectivas, locales, regionales, nacionales e internacionales.

Sin embargo me atrevo a decir que todas las campañas electorales e incluso las campañas publicitarias de marcas comerciales deberían cumplir con varios requisitos, dando por hecho que sabemos que es "obligatorio e imprescindible" que sea con una comunicación multidireccional y hacia/entre todos los públicos posibles, pero para no ser muy teórico puedo afirmar que una buena campaña debe:

- **Tener mensajes SIMPLES pero de contenidos PROFUNDOS:** Pareciera pero no contradice a lo que hablábamos anteriormente haciendo una analogía con la música. Tomemos como referencia a los proverbios o refranes populares que son ejemplos perfectos. Generalmente son frases simples pero profundas a la vez. "Más vale pájaro en mano que cien volando". Es una frase simple, fácil de recordar pero que a su vez conlleva un mensaje profundo que puede referirnos a no ser avaro, a aprovechar el momento y/o a ser prácticos, pero podemos seguir con muchas otras muchas interpretaciones que conectan con conceptos que tenemos pre-aprendidos (Marcos de referencia preexistentes en la sociedad. De nuevo Lakoff). De esa manera no hay que explicarlos en nuestros mensajes, solo hacer referencias (como los enlaces de las páginas web) a conceptos que ya son conocidos, los relacionaremos y pondremos en orden en nuestros cerebros de inmediato. Esto viene de la explicación de los 3 cerebros. Cuando una frase la relacionamos con marcos de referencia que ya tenemos (metáforas, proverbios, analogías, comparaciones, etc.) podemos fácilmente influir de manera directa en emociones aprendidas o conectar con la memoria, produciendo estímulos mucho más efectivos.

- **Una campaña debe transmitir emociones:** Este es uno de los requisitos más importantes en mi opinión. Recordad los 3 cerebros y que en las decisiones sobre política el cerebro que más controla esos procesos es el emocional y algo el instintivo, pero el que menos, el racional. Por lo que basar una campaña en datos, propuestas técnicas y razonamientos no es la mejor idea. Recordad que por lo general la gente no recordará con el tiempo lo que le has dicho pero sí recordará lo que le has hecho sentir...

- **Una campaña debe manejar muy bien el concepto de lo inesperado:** Es un requisito más basado en la estrategia pura y dura ya que lo inesperado siempre llama más la atención y además se recordará con mayor facilidad que algo recurrente, monótono o esperado. **Eso no implica** que se actúe de manera "alocada" buscando la sorpresa. La marca, la imagen corporativa, el tono de comunicación y muchos otros aspectos relacionados a la identidad y comportamientos del partido tendrán que estar siempre alineados. Las "ocurrencias" saltándose el análisis de las consecuencias no deben formar parte de la estrategia. Ya decía Albert Einstein al respecto **"El genio se hace con un 1% de talento y un 99% de trabajo"**. En política y campañas electorales son mucho menos saludables y ponen en riesgo a la imagen y reputación de la organización política de manera innecesaria.

- **Una campaña debe ser creíble:** Este punto tiene sus bemoles. Es algo ya perteneciente a la "tradición popular" donde se piensa que todos los "políticos mienten" y prometen lo que no pueden cumplir. Hasta hace muy poco eso podía funcionar de "aquella manera" pero como he comentado anteriormente el público, la gente, los votantes, la sociedad ha cambiado y ya con mucha más información, menos tolerancia y con la expectación de unos resultados casi instantáneos no perdonarán a los políticos que no cumplan con lo ofrecido. Ya no olvidarán tan fácilmente porque los períodos de tiempo son mucho ahora más cortos. Se juega dentro de la inmediatez. Y no solo se les está comenzando a pedir las cuentas a los políticos en el muy corto plazo sino que además de una manera constante. Si el político no está a la altura de las circunstancias se cumplirá aquello que comentaba más arriba:

> "Nuestra democracia se ha convertido en un proceso cíclico que se mueve entre elegir y arrepentirse de lo que se ha elegido".

Parte de la culpa la tienen las campañas no creíbles. **A mayor expectativa mayor frustración si no se cumple** lo que producirá un rechazo proporcional a la expectativa creada. En pocas palabras, si prometes mucho se te pedirá mucho. Ese es el mayor problema de las campañas que prometen lo que no se puede cumplir, es "pan para hoy y hambre para mañana" para el político y el partido político que lo haga.

- **Una campaña debe ser concreta:** Si somos ambiguos podremos producir confusión. Nuestros cerebros están encantados con informaciones concretas que no nos hagan requerir de mucha capacidad de procesamiento. Igualmente, concretando evitaremos las malas interpretaciones de lo que decimos o que sean sacadas de contexto para utilizarlas en nuestra contra.

- **Una campaña debe contar una o varias historias ("Storytelling"):** Asociando y contando historias tendremos hilos argumentales. Ponerle caras a los personajes y humanizar nuestras propuestas teniendo un esquema que puede ser relacionado con la vida real o imaginaria, es mucho más potente a la hora de producir emociones y nuestras propuestas serán más recordadas posteriormente. No me refiero solo a basarse en las historias para hacer una campaña, me refiero también a que **la campaña SEA una historia**.

- **Muy Importante:** Una campaña electoral debe tener como premisa que los votantes son personas, no son solo números en estadísticas, clientes o consumidores.

En resumen, es importante en el proceso de elaboración de la campaña determinar los valores y potencialidades del partido político y candidato(s) (basándonos también en el análisis DAFO) de una manera tal que a través de las emociones seamos capaces de armar una historia coherente y creíble.

Como vemos lo más importante son las emociones, pero para llegar a determinar qué comunicaremos, por dónde comunicaremos y cómo comunicaremos, no partiremos de nuestras emociones o nuestras opiniones (ni las del político o partido político para el que trabajamos). Para producir esas emociones tendremos en cuenta estudios, análisis objetivos, mucho trabajo, conocimiento técnico y experiencia que determinen qué teclas hay que tocar para que nuestra música mueva a las masas y sea un "éxito del verano".

En las campañas hay que tener siempre presente que se debe maximizar los sentimientos positivos hacia el partido político y el candidato PERO TAMBIÉN minimizar los negativos (Siempre ambos, muchas veces se hace demasiado hincapié solo en el primero). Posteriormente hay que establecer relaciones emocionales con el público en cuanto a las potencialidades (Liderazgo, credibilidad y empatía pero también enfatizar en la humanización, sensibilización, ilusión, esperanza, etc.).

Además del manejo de las emociones en la comunicación política trabajando variables sobre el partido político y el candidato de manera directa también hay que hacerlo sobre las propuestas y argumentos (Trasladándonos al lado racional pero desde las emociones).

En cuanto al "storytelling" de una campaña (puntual o continua) quería reiterar que debe ser fácilmente entendible y comunicada todas las veces que se tenga la oportunidad de hacerlo, de manera repetitiva e insistente. (El concepto es simple, profundo y "machacón"...). Debería contener un protagonista y un antagonista, lo contrario a lo que representa el candidato (un concepto que sirva de "villano" de la historia, bien definido, pero que en vez de una persona o grupo utilicemos un problema social o económico que afecte a la sociedad como el paro, los desahucios, la pobreza, la corrupción, etc.). La historia y el que la cuenta deben tener coherencia y un hilo conductor. Debe además ser diferente, notable y fácil de recordar. Debe hacer referencias a hechos y marcos referenciales conocidos (Lakoff) utilizando metáforas, fábulas populares, letras de canciones, refranes, citas célebres, etc. Es obvio que además tiene que **emocionar y "tocar la fibra"**...

Una campaña debe hacer reflexionar, debe entusiasmar, debe hacer llorar y reír, debe ofrecer esperanza, debe hacer sentir al que la sigue que forma parte de un grupo mayor y además que es escuchado y tomado en cuenta, debe ilusionar despertando sensaciones y emociones positivas hacia nuestro candidato o partido político.

Yo siempre recomiendo hacer campañas positivas hacia nuestro candidato Y también negativas hacia el "villano" que hablaba en el párrafo anterior. Recordad que nuestro peor "villano" no debe ser el adversario político (salvo excepciones muy extremas). Nuestro "malo malote" debe ser un concepto reivindicativo, el mal o males que aquejan a nuestra sociedad, porque de esa manera, además de ser más ético y correcto, de evitar contrataques fulminantes, también alcanzaremos y "atraeremos" emocionalmente a un mayor número de personas. Las campañas positivas a la larga siempre dan mejor resultado que las negativas, que además tienen el gran riesgo de sufrir el efecto bumerán y regresar con la misma fuerza pero en sentido contrario.

Todo esto lo digo y afirmo primero por experiencia y convicción personal, pero además por razones neurológicas. Nuestros cerebros procesan ambas proposiciones (la positiva y la negativa) de manera diferente e incluso utilizando zonas diferentes, por lo que si solo utilizamos una campaña positiva estaremos dejando de estimular una parte del cerebro y no tendremos tanto impacto. Haciendo una campaña positiva hacia nuestro candidato y negativa hacia los males que nos aquejan estaremos produciendo estímulos más intensos.

En sentido contrario la mejor estrategia para revertir los ataques hacia los nuestros es la inoculación utilizando "vacunas" y la creación de "cortafuegos" como los de nuestros ordenadores. Parece mentira pero la analogía con las vacunas reales es idónea. El principio de una vacuna es la inoculación de una pequeñísima proporción del virus en la sangre para generar anticuerpos. De la misma manera en las campañas se pueden "inocular" ataques controlados y selectivos a nuestro "cuerpo" político para que de manera espontánea genere los anticuerpos y la resistencia a los ataques reales de los virus (Una manera de crear los argumentarios es alentando "ataques" internos controlados como se hace con las vacunas que nos servirán posteriormente para proteger a la organización de los ataques reales).

Se pueden crear muchos cortafuegos pero sin duda los más potentes en política son el "engagement" y la lealtad, de los que he venido hablando a lo largo del libro. Con esas dos variables bien gestionadas y la "vacunación" correspondiente tendremos una organización y sus líderes políticos casi inmunes a "virus" externos y también internos, que los hay a veces muy destructivos.

Adicionalmente nuestros candidatos deben aprender a utilizar intensa y correctamente la inteligencia emocional, que no es más que la habilidad o capacidad de gestionar bien las emociones propias y ajenas, saber reconocerlas, potenciarlas y dirigirlas hacia las relaciones y la comunicación con los públicos. No tenemos que olvidar la empatía, la buena comunicación, actitud positiva, el respeto, etc., deben ser OBLIGATORIAS las 24 horas del día de TODOS y cada uno de los miembros de un partido político y no solo del candidato.

En este punto es importante recordar que **la marca, la identidad y la imagen del partido político y del candidato es la suma de la imagen, identidad, reputación, acciones u omisiones de todos los miembros de la organización**. Además es algo que hay que trabajar las 24 horas del día y con todas las personas. Una persona que se identifica con un partido político y hace una atrocidad en la calle perjudica a TODOS los miembros del partido, a la organización y a sus representantes públicos. Eso lo vemos a diario en España.

Sin embargo es cierto que aunque la responsabilidad es de todos los miembros de un partido los personajes públicos y líderes deben ser los primeros y los mejores en su proceder. Si se entra en cualquier sitio público hay que tomar en cuenta a todo el mundo, saludar siempre con educación, saber estar, responder con paciencia a todos los saludos, reproches, reclamos, planteamientos, anécdotas y conversaciones de los presentes.

Pero no solo por caer bien y dejar un "buen olor" (como dicen los italianos) por donde vayas. Hay algo estratégico además en ese proceso comunicativo a nivel del contacto personal directo. Si un candidato en un bar saluda a una persona diciéndole "hola", esa persona tendrá un impacto, si el candidato le saluda con ese "hola" y le da la mano, el impacto será varias veces superior, si además de darle la mano le pone la otra mano en el hombro el impacto será descomunal. Por el contrario si lo ignora, a uno solo que no le responda el saludo, que no le sonría o que no le preste atención, el impacto negativo será desastroso y muy duradero.

Además de ser algo que responde a la educación y el respeto, hay que tomar también en cuenta que por lo general no sabemos a priori quién es quién cuando estamos en la calle, en un bar o en cualquier lugar público. Esa persona saludada con afecto, o por el contrario ignorada, puede ser un "influenciador" en su trabajo, en las redes sociales, en asociaciones, etc., y lo que causemos en esa persona puede tener un efecto multiplicador importante tanto positivo como negativo.

¿Es muy extenuante para un candidato? sí, claro que lo es… Pero eso viene en el paquete de la candidatura y del político. Se es candidato las 24 horas del día y los 365 días del año, estando o no en campaña. Se es educado, respetuoso y comprensivo con todas las personas que tengan la amabilidad de acercarse, sea para saludar y dar una felicitaciones o sea para reclamar, decir lo que no les gusta o incluso enfrentarle (dialécticamente hablando).

Y lo mismo DEBE HACERSE con los periodistas y con la prensa en general, pero CON TODOS. Es costumbre de muchos políticos tener consideración con los periodistas (a esos profesionales que están horas en períodos interminables de espera, a veces soportando frío, calor, sol, lluvia, tensión, sed, hambre, etc., para hacer una pregunta) pero eso sí, con los periodista o el medio de comunicación que hablan bien del político y que no son muy críticos ¡Es un error garrafal! El respeto y la consideración debe ser CON TODOS los periodistas pero en realidad CON TODAS las personas y los 365 días del año. Es una regla a cumplir a rajatabla. Primero por educación e integridad personal del político y segundo que es lo más conveniente. Todo periodista, sea imparcial, a favor o contrario al político, debe ser respetado y escuchado dentro de la moderación, en el momento que sea, así esté esperando en la entrada del domicilio del político. Utilizar a los periodistas solo cuando interesa y solamente en los momentos que se está bien dispuesto es un error que tiene consecuencias negativas siempre, en el momento, a mediano o largo plazo. A veces no es fácil, pero creedme, es algo indispensable para el político y para su partido también.

Regresando a cómo debe ser una campaña electoral, todos estos "requisitos" deben dirigirse a grupos, segmentos y micro-segmentos (y en menor medida al individuo). Si enviamos los mensajes a personas agrupadas por valores que los unen, ellos mismos se retroalimentarán las emociones produciendo un efecto multiplicador y de "auto-reforzamiento" mucho más intenso. Las emociones se contagian y eso tenemos que aprovecharlo a nuestro favor (Recordad que las emociones pueden ser positivas y negativas por lo que las negativas también se contagian. Hay que tener mucho cuidado con eso).

También el uso de "influenciadores" sociales y grupos o colectivos ya formados es una gran ayuda porque ya están vertebrados, ya han generado en sus miembros o seguidores la credibilidad, el "engagement" y la confianza necesarias y además ya deben haber creado sistemas para comunicarse entre ellos mismos por lo que no hay que crearlos desde cero. Son más razones para sumar al hecho de que la organización en sistemas de nodos es la más conveniente para las estrategias de comunicación política bien gestionadas.

Hacer una buena campaña requiere mucho conocimiento, estudio, experiencia, recursos tecnológicos, establecer procesos de seguimiento permanente para evaluar resultados y contar con métodos de corrección y reacción inmediatos para actuar de acuerdo a los cambios externos e internos. Siempre la intuición, la experiencia y los puntos de vista personales de los gestores de campaña entran en el juego, pero deben influir lo menos posible ya que pueden distorsionar el proceso, crear dudas y dirigir el rumbo por caminos equivocados.

"Humanización" de la Política

Como reflexión personal quisiera comentar que veo muy necesario "humanizar" a la política, pero no tanto para cosechar más triunfos y ganar adeptos (Que también…) sino porque hay que revertir la "mercantilización" de los procesos retomando las bases originales de la política. **Hay que entender que se trabaja para la gente, se trabaja para su bienestar y para su futuro**, no solo para ganar en unas elecciones. El triunfo electoral es solo el primer paso necesario para poder ser protagonista en el desarrollo y progreso real de la sociedad. Todos nuestros objetivos y nuestras estrategias tienen que estar supeditadas a que ganar no es el fin sino el camino para un objetivo mucho más trascendente.

La política virtual ¿Es conveniente para la democracia?

Es un hecho que los políticos le están dando mayor importancia a su comunicación en las redes sociales y el "mundo digital". Es algo muy positivo y conveniente para la democracia porque los hace más cercanos y transparentes. El problema puede surgir cuando lo que se comunica se considera más importante que la realidad. ¿Qué quiero decir con esto? Que debido al impacto creciente de las redes sociales en el apoyo social muchos políticos le dan más importancia a lo que se comunica que a su responsabilidad principal. Es evidente que la imagen es importante, que lo que se comunica es importante, que cómo y por dónde se comunica es determinante (es mi trabajo) pero no es bueno que valga más lo que se dice que lo que se hace, que valga más la fotografía que el hecho que se fotografía, que valga más un gesto o un tuit que una acción, que valga más un "cómo se ve" que un "cómo se hizo".

He visto como algunos políticos comienzan a actuar y priorizar sus acciones en función del impacto en las redes sociales. Se puede observar claramente como algunos lazan incluso campañas en las redes solo para que funcionen como globos sonda para medir el "KPI" (Indicadores clave de desempeño) de los resultados sin importar las consecuencias que eso puede traer en los ciudadanos y en la crispación social. He visto en definitiva como **la apariencia de hacer cosas puede pasar a ser más importante que hacerlas en la realidad.** Podemos estar comenzando a vivir en una "política virtual" pero hay que recordar que **las necesidades de los ciudadanos son reales y requieren también soluciones reales, no virtuales.**

La comunicación es muy necesaria y de hecho se dice que "lo que no se comunica no existe" pero hay que priorizar y tener clara la responsabilidad primordial de los políticos con los ciudadanos. "Hacer bien y comunicar mejor…", ése es el lema.

Los medios digitales y las redes sociales

Es incuestionable que ambos están afectando en gran medida a la política y a la comunicación política. Partiendo inicialmente de un cambio tecnológico donde se incluían nuevas herramienta de comunicación, posteriormente con su desarrollo y la actitud de la sociedad hacia estos medios ha cambiado el tipo de influencia sobre la política. Ya no es algo sólo tecnológico, de medios y herramientas, estamos hablando de cambios en la manera de percibir las relaciones, las propuestas, los tipos de comunicación, la percepción y la transparencia de todas y cada una de las variables que se utilizan. Las redes no son solo un instrumento, ahora son parte intrínseca del proceso.

Ya no somos espectadores, ahora somos protagonistas que además deseamos tener la oportunidad de manera voluntaria de pasar a la acción y ser tomados en cuenta. El mundo de la "comunicación digital" y las redes sociales han "empoderado" a la gente y pueden ejercer mucha influencia en las decisiones de los políticos y cargos públicos.

Antes no podría ocurrir algo similar a lo que ocurre ahora. Actualmente una persona "normal" en un pueblo pequeño puede tener una gran influencia sobre un hecho a nivel nacional o un cargo público de primer orden. Solo con la publicación de un "Tuit" u otra divulgación en las redes que se haga viral puede condicionar la actuación de las cúpulas del poder y poner en riesgo su reputación, etc.

El hablar de "target", de "público objetivo", etc., va quedando en el pasado. Esos conceptos no tienen sentido en sistemas en forma de nodos donde todos estamos conectados y todos tenemos capacidad de comunicar, escuchar y ser escuchados a todos los niveles del sistema. Como he dicho en infinidad de veces la comunicación política ya es multidireccional y el que no lo vea y no entienda lamentablemente fracasará en su intento de ser influyente en la política.

Los partidos políticos tienen que comunicar con el objetivo primordial de que ser entendidos. Suena obvio pero en realidad no lo es. Si en una empresa invitan a un patrocinador chino a las oficinas para que apoye lo que no se debe es hablarle en castellano solo porque es nuestro idioma. Si la intención es que se establezca una comunicación real se intentará comunicarse con él facilitando las cosas para que entienda claramente las propuestas y conseguir su apoyo. Seguramente se le hablará en su idioma con un traductor.

Tampoco se le dará un montón de libros para que sea y conozca la propuesta sino que se intentará mostrarle la información resumida, en imágenes, infografías o vídeos, que permita una comunicación fluida y que transmita en poco tiempo y esfuerzo la idea que interesa. Pues lo mismo para las campañas electorales. Tenemos que hablar con los mismos códigos de comunicación que utiliza la gente. Utilizar palabras rebuscadas, hablar en "politiqués" (léase: lenguaje particular, aburrido e inentendible que utilizan algunos políticos para dar la idea de ser personas preparadas, o decir mucho pero no decir nada...) ya no tiene ningún sentido y suele ser contraproducente.

Recordad, hay que emocionar, no convencer. La confusión, la dispersión o un mensaje vacío de contenido no es lo mejor para producir emociones positivas, más bien producirá las negativas. Hace muchos años tenía un profesor de comunicación que decía **"si no emociona, no lo digas..."** y ratifico aquí que tenía toda la razón.

Emocionar utilizando las redes sociales es posible, y de hecho son herramientas idóneas para hacerlo si se saben llevar bien. Las imágenes, los vídeos y el sonido (podcasts o música) son excelentes para comunicar emocionalmente, mucho más que el texto. Twitter es muy utilizado en política por su inmediatez, pero es más complicado manejar emociones con 140 caracteres o alguna imagen pequeña. Sin embargo es una herramienta poderosa que puede servir como el primer "toque" que luego se reforzará en formatos que permitan llegar más profundo dentro de las personas (o sus cerebros, corazón o estómago...). Para eso contamos con otras herramientas que tienen que ser también incluidas en los planes de comunicación estratégica como lo son Facebook, Youtube, Instagram (de los mejores para crear y reforzar la identidad y la marca personal del candidato, para "humanizarlo" y "despolitizarlo") sin olvidar la página web, el blog, y otras plataformas de "co-creación" y "engagement" que debemos utilizar.

Lo que debe quedar muy claro es que todos los medios y canales que utilicemos deben estar **PERFECTAMENTE ALINEADOS**. Todos deben hablar el "mismo idioma", con los mismos códigos de lenguaje y comunicación, deben transmitir el mismo "branding" y además manejando a la perfección la variable del tiempo. Algunas veces será conveniente un impacto por todos los canales "al unísono" pero otras veces puede ser recomendable salir en uno primero, otro después, etc. Profundizar en estos temas ya será parte de otro(s) libro(s) porque es algo muy extenso y complejo. Os mantendré al tanto ;)

Recordad seguirme en mi página web www.javiergalue.com o en mis redes Facebook y Twitter para recibir noticias y nuevos contenidos ¡Os Espero allí!

Perdón por la publicidad… Regresando al tema de las tecnologías quería comentar que contar con nuevas herramientas nos facilitan mucho la segmentación e incluso la micro-segmentación de los públicos, por lo que particularizar los mensajes, canales, lenguaje, tono, etc., de nuestra comunicación será algo posible y muy conveniente. No es lo mismo hablarle a un chico de 17 años que a una señora de 67 años, a una persona nacida en un pueblo de Badajoz que a un inmigrante Alemán que vive en Barcelona. No es lo mismo hablarle a una persona que no nos ha votado que a otra que nos vota desde hace tiempo o a uno que está en la abstención, y así sucesivamente con cientos de segmentaciones y micro-segmentaciones posibles.

En este punto quiero decir algo que considero VITAL que entiendan e internalicen los políticos y las organizaciones políticas actuales:

> Para mí es un hecho que **la información está dejando de ser lo que se publica y está comenzando a ser lo que se comparte (Esto hay que verlo a nivel externo pero también interno de las organizaciones). Si la organización interna de tu partido político, sus plataformas de comunicación y de**

participación se basan en COMPARTIR tendrá el éxito garantizado, lo contrario lo llevará posiblemente al fracaso.

Uno de los elementos más importantes de las redes sociales no es el hecho de llegar a mucha gente o de poder incluso emocionar con imágenes, memes o vídeos. **ALGO MUY IMPORTANTE es que nos dan la oportunidad de escuchar más y mejor.**

La comunicación multidireccional implica que no solo somos informadores, sino que tenemos que escuchar (comunicación bidireccional) y a su vez tenemos que facilitar la comunicación entre nuestros seguidores (comunicación multidireccional) que permita que las iniciativas, la creatividad, las ideas, las propuestas y por supuesto las críticas y denuncias sean también procesos que puedan tener un carácter colectivo e interactivo.

Esto es algo que pocos políticos y gestores públicos aceptan y muchos lo rechazan porque implicará un escrutinio constante y profundo de cada actuación que hagan, y además las críticas y denuncias serán públicas casi que instantáneamente. Pero tendrán que acostumbrarse a vivir con ello porque la sociedad así lo demanda y el que no lo permita posiblemente no alcance el éxito en su carrera política.

También hay organizaciones que dejan la mayor parte del peso de su plan y estrategia de comunicación a las redes y plataformas digitales. Suele ser más económico, se suele causar u buen impacto si se hace bien pero hay que tener en cuenta siempre que la política no solo es virtual sino también real.

El contacto persona a persona, estar en otros medios como radios, revistas, blogs personales, medios pequeños, locales o comunitarios, hacer presencia en actos políticos y no políticos, hacer vida en la calle, etc., no solo da visibilidad y causa su impacto, sino que además mantiene el contacto y se aprende de la calle, de lo que se habla y se dice, se conecta en definitiva con "el alma" de la gente, con una corriente que fluye, que está allí, que muchos a veces no la ven o no la pueden captar. Una capacidad que muchos políticos generalmente van perdiendo a medida que van escalando posiciones en sus carreras políticas. Eso nunca debe perderse porque se pierde también la esencia de la política.

Prácticas menos éticas (pero reales) en comunicación política

Hasta ahora he hablado del "debe ser" de la comunicación política, pero en la práctica, en el terreno de la realidad, te enfrentas como consultor a muchos desafíos, golpes bajos, tácticas poco éticas, etc., por parte de los adversarios políticos y a veces por ataques internos que suelen ser sumamente perniciosos y dañinos. Ante esos casos tienes dos opciones, soportar aquello de manera imperturbable y seguir 100% basado en las buenas prácticas y la ética o entrar en "el barro" de los ataques.

Estoy plenamente convencido que lo conveniente, incluso como estrategia, es que le demos toda la preferencia a la responsabilidad, la ética y el respeto. Pero hay que estar preparados para saber cómo reaccionar a diversas estrategias y tácticas hostiles que pueden ser muy dañinas para el político, el partido político o cualquier organización. Los principios, valores, límites autoimpuestos y la experiencia nos harán saber cuándo, cómo y dónde se debe actuar.

Os dejo algunos ejemplos pero en realidad son muchas más las estrategias y tácticas del "juego sucio". Este tema dará para escribir otro libro muy pronto seguramente… ¡¡¡Ya son varios los que tengo que escribir!!!

Estas estrategias suelen utilizarlas en conjunto o en subconjuntos y de manera coordinada, cíclica y recurrente para conseguir un mayor impacto. En estas lides la "creatividad" de algunos parece ser inagotable:

• Ruido, crear mucho ruido a través de varios medios al alcance para diluir al adversario y estar siempre en la boca de las personas en las calles, en los bares, en las casa y en las reuniones familiares.

• Utilizar robots en las redes que difundan noticias incorrectas, que parezca que apoyan a otros candidatos para dar la idea que ellos utilizan estos robots para provecho propio cosa que los desprestigiará. Comprar o crear miles de perfiles falsos con el mismo propósito.

• Utilizar también perfiles falsos en las redes para difamar a los adversarios continuamente o apoyar al propio.

• Los Rumores. Crear rumores, trabajar la "rumorología". Ha funcionado desde hace cientos de años en la sociedad y sigue funcionando.

• "Invadir" las redes sociales con la idea de que todo el mundo piensa algo que interesa aparentar. Frases como "Todo el mundo sabe", "Todo los españoles piensan", "Se dice, se comenta…" dando una impresión de unanimidad colectiva importante. Las personas generalmente tienden a seguir a la mayoría aunque en este caso sea creada artificialmente.

• Invadir y/o arrebatar los hashtags de los adversarios.

• Lanzar constantemente "globos sonda" de noticias extraídas de medios muy diferentes (que pueden también ser propios o muy cercanos…) que den una legitimidad aparente. El hacer referencia a otros medios otorga cierta credibilidad y mientras se puede intentar comprobar si es cierta o no ya se han lanzado muchas otras ("Hammering") haciendo imposible la comprobación lo que las transformará en "verdades" para la mayoría de públicos que solo leen "titulares".

• Potenciar sentimientos negativos comunes en sectores sociales. Se usan como palancas que multipliquen el efecto de cada idea ya que se apoyan en conceptos y sentimientos ya creados y consolidados.

• La exageración siempre resulta, sea para alabar las fortalezas propias o para maximizar las debilidades o errores de los adversarios.

• Ataque continuo: si constantemente emitimos noticias, denuncias, etc., atacando al adversario éste se verá obligado a responder y desmentir constantemente estos ataques. Eso cambiará sus esquemas, aminorará la intensidad de sus iniciativas y sus campañas se difuminarán teniendo menor impacto.

• Intentar imponer el sello al adversario de los errores propios. En ese sentido una noticia negativa que afecta a un político puede trasladarse a su oponente en la opinión pública difuminándose el efecto negativo inicial.

• Crear artificialmente un enemigo único que se relacione o asocie directa o indirectamente con el oponente.

• Aplicar el principio de la asociación negativa, agrupando a adversarios en grupos comunes para atacar a un solo punto que los afecte a todos a la vez.

• La contra-iniciativa lanzando propuestas, ideas o denuncias que generen ruido cada vez que el adversario tenga repercusión por algún acierto en campaña o alguna buena noticia que les beneficie.

• Crear y publicar encuestas con resultados artificialmente "convenientes" para modificar la percepción del público y de esa manera influir en su decisión. Además también se le reduce visibilidad e impacto a las encuestas reales si no son favorables.

• ¡Y la lista suma y sigue! pero eso lo dejaré para otro libro que hable exclusivamente de esto… La cantidad de libros a escribir sigue subiendo ;)

Al leer esta lista que enumera solo algunas de las técnicas "menos éticas" utilizadas en las campañas electorales y todos los conceptos que he venido describiendo en el libro yo pondría en duda si nuestra decisión como ciudadanos al emitir el voto es totalmente libre (como generalmente creemos).

¿Hay plena libertad de decisión si estamos sometidos a métodos que manipulan consciente e inconscientemente nuestros procesos internos de decisión para ejercer el derecho al voto? ¿La libertad plena que se tiene para realizar campañas electorales con casi cualquier estrategia y técnica puede llegar a condicionar nuestra libertad de elegir? … es que estamos hablamos sobre una de las bases fundamentales de nuestra democracia, que no es poca cosa, la libertad a la hora de votar... Lo dejo a vuestra consideración...

Reflexión

He escrito este libro pensando en las personas que le gusta la política, que se interesan por la actualidad política y que tienen interés en profundizar un poco más en las variables que afectan sus opiniones, preferencias y la decisión final del voto.

Como os he ido narrando a lo largo del libro estamos supeditados a un sinnúmero de técnicas de persuasión, manipulación y seducción (consientes e inconscientes) **que convierten a los procesos electorales en campañas publicitarias de productos donde el que tiende a prevalecer no es precisamente el que es capaz de ofrecer el mayor bienestar a la sociedad** sino el que compite mejor en una batalla mediática, comunicacional y "marketianiana", dependientes de la capacidad de influencia en los poderes establecidos, los recursos económicos disponibles, el apoyo de los grandes medios de comunicación, etc. Por eso veo muy necesario buscar sistemas y herramientas que permitan garantizarnos que los mejores serán los que gestionarán nuestro futuro.

Pero prefiero preguntaros nuevamente... Luego de todas las estrategias, técnicas y tácticas que os he descrito a lo largo de todo el libro... **¿Seguid pensando que somos totalmente libres a la hora de elegir? ¿Será o no será conveniente revisar y mejorar nuestro sistema para que podamos tener a los mejores y más capacitados al mando de los gobiernos y no a los que mejor se venden o tienen más recursos o más apoyo mediático? Quedo a la espera de vuestras opiniones...**

Es solo es el comienzo

Hasta aquí llega el primer libro. Espero que os haya gustado y que os quedéis por lo menos con algunas ideas y "tips" que os puedan ser útiles. No espero que estéis de acuerdo conmigo en lo que aquí planteo pero con que me hayáis leído ya es una gran satisfacción.

Estoy sumamente interesado en escucharos, en conocer vuestras críticas, comentarios y opiniones. Recordad, siempre lo mejor es escuchar y yo soy el primero que tiene que ponerlo en práctica.

Por eso tengo a vuestra disposición mi página web a la que os debéis... digo... podéis suscribir y así recibir mis artículos automáticamente.

Además me podéis seguir en mi página de Facebook y mi Twitter ¡Os espero por allí!

Página Web: www.javiergalue.com
Facebook: ConsejosdeJavier
Twitter: ConsejosdJavier

Si te ha gustado el libro NO SE TE OLVIDE POR FAVOR dejar una opinión en la página de Amazon. Y si es positiva ¡¡¡MUCHO MEJOR!!! Jeje (...y darme las 5 estrellas ☺...)

¡Y MUCHAS GRACIAS por leer y recomendar mi libro!

Libros y más Libros...

Son algunos de los libros que he leído y que recomiendo sobre todos estos temas.

- *Louis D Hayes (2009): "Political Systems of East Asia: China, Korea, and Japan", Routledge ISBN-13: 978-0765617866*

- *Dennis J. Blasko (2012): The Chinese Army Today: Tradition and Transformation for the 21st Century, 2 ed. ISBN-13: 978-0415783224*

- *Yasheng Huang (2008): "Capitalism with Chinese Characteristics: Entrepreneurship and the State 1st Edition", Cambridge University Press ISBN-13: 978-0521898102*

- *He Li (2015): "Political Thought and China's Transformation: Ideas Shaping Reform in Post-Mao China (Politics and Development of Contemporary China)", Palgrave Macmillan ISBN-13: 978-1137427809*

- *Willy Wo-Lap Lam (2015): "Chinese Politics in the Era of Xi Jinping: Renaissance, Reform, or Retrogression?", Routledge ISBN-13: 978-0765642097*

- *Drew Westen (2008): "The Political Brain", PublicAffairs ISBN-13: 978-1586485733*

- *Frank I. Luntz (2008): "Words That Work: It's Not What You Say, It's What People Hear", Hachette Books ISBN-13: 978-1401309299*

- *George Lakoff (2007): "No pienses en un elefante. Lenguaje y debate político (Foro complutense)", Editorial Complutense, S.A. ISBN-13: 978-8474918137*

- *Kieran Laird (2008): "The Political Mind: or 'How to Think Differently", Edinburgh University Press ISBN-13: 978-0748623860*

- *Adam F. Simon (2002): "The Winning Message: Candidate Behavior, Campaign Discourse, and Democracy (Communication, Society and Politics)", Cambridge University Press ISBN-13: 978-0521001915*

- *Elizabeth A. Skewes (2007): "Message Control: How News Is Made on the Presidential Campaign Trail (Communication, Media, and Politics)", Rowman & Littlefield Publishers ISBN-13: 978-0742554627*

- *Philip N. Howard (2005): "New Media Campaigns and the Managed Citizen", Cambridge University Press ISBN-13: 978-0521612272*

- *John G. Geer (2006): "In Defense of Negativity: Attack Ads in Presidential Campaigns (Studies in Communication, Media, and Public Opinion)", University Of Chicago Press ISBN-13: 978-0226284996*

- *L. Sandy Maisel, Darrell M. West, Brett M. Clifton (2007): "Evaluating Campaign Quality: Can the Electoral Process be Improved? (Communication, Society and Politics)", Cambridge University Press ASIN: B000SK7OCE*

- *John Allen Hendricks, Robert E. Denton Jr. (2010): "Communicator-in-Chief: How Barack Obama Used New Media Technology to Win the White House (Lexington Studies in Political Communication)", Lexington Books ISBN-13: 978-0739141069*

- *Josep Maria Colomer (1990): "El arte de la manipulación política", Editorial Anagrama S.A. ISBN-13: 978-8433913395*

- *Sun Tzu: "El Arte de la Guerra", Createspace (2013) ISBN-13: 978-1484072912*

- *Albert Mehrabian: "Nonverbal Communication", Transaction Publishers (2007) ISBN-13: 978-0202309668*

- *Gustave Lebon (2008): "The Crowd: A Study of the Popular Mind", Digireads.com ISBN-13: 978-1420931730*

- *Julia Paley (2001): "Marketing Democracy: Power and Social Movements in Post-Dictatorship Chile", University of California Press ASIN: B00ZT0TJYE*

- *Erik P. Bucy, R. Lance Holbert (2013): "Sourcebook for Political Communication Research: Methods, Measures, and Analytical Techniques", Routledge ISBN-13: 978-0415884976*

- *Patrizia Catellani (2011): "Psicologia politica", Il Mulino ISBN-13: 978-8815146809*

- *Raymond M. Duch, Randolph T. Stevenson (2008): "The Economic Vote: How Political and Economic Institutions Condition Election Results", Cambridge University Press ISBN-13: 978-0521707404*

- *Bryan Caplan (2008): "The Myth of the Rational Voter: Why Democracies Choose Bad Policies", Princeton University Press ISBN-13: 978-0691138732*

- *William E. Connolly (2002): "Neuropolitics: Thinking, Culture, Speed", Plymbridge Distributors Ltd ISBN-13: 978-0816640225*

- *Clayton M. Christensen (2011): "The Innovator's Dilemma : The Revolutionary Book That Will Change the Way You Do Business", Harper Collins Publisher Inc. ISBN-13: 978-0062060242*

- *Peter F. Drucker: "Managing for Results", HarperBusiness (2006) ISBN-13: 978-0060878986*

- *Klaus Fog, Christian Budtz, Philip Munch, Stephen Blanchette: "Storytelling: Branding in Practice", Springer ISBN-13: 978-3540883487*

- *Marc Cavazza, Stéphane Donikian: "Virtual Storytelling. Using Virtual Reality Technologies for Storytelling", Springer ISBN-13: 978-3540770374*

- *Carolyn Handler Miller: "Digital Storytelling: A creator's guide to interactive entertainment", Focal Press ISBN-13: 978-0415836944*

- *Stephen Denning (2011): "The Leader's Guide to Storytelling: Mastering the Art and Discipline of Business Narrative", Jossey-Bass ISBN-13: 978-0470548677*

- *Peter Singer: "Practical Ethics", Cambridge University Press (2011) ISBN-13: 978-0521707688*

- *Llorente & Cuenca (2011): "Innovación y Reputacion", Llorente & Cuenca ASIN: B00DRN0I40*

- *James Surowiecki (2005): "Cien mejor que uno", Tendencias ISBN-13: 978-8479535919*

- *Daniel Kahneman, Ram Charan (2013): "HBR's 10 Must Reads on Making Smart Decisions", Harvard Business Review Press ISBN-13: 978-1422189894*

- *Pamela (Ferrante) Walaski (2011): "Risk and Crisis Communications: Methods and Messages", Wiley ISBN-13: 978-0470592731*

- *Stuart Roper, Chris Fill (2012): "Corporate Reputation: Brand and Communication", Pearson Education Limited ISBN-13: 978-0273727590*

- *Clay Shirky (2009): "Here Comes Everybody: How Change Happens when People Come Together", Penguin ISBN-13: 978-0141030623*

- *Charles Leadbeater (2009): "We-Think: Mass innovation, not mass production", Profile Books ISBN-13: 978-1861978370*

- *Venkatram Ramaswamy, Kerimcan Ozcan, Ramaswamy Venkat (2014): "The Co-Creation Paradigm", Stanford Univ Pr ISBN-13: 978-0804789158*

- *Craig E. Carroll (2013) The Handbook of Communication and Corporate Reputation, John Wiley & Sons Ltd ASIN: B017V57YEG*

Créditos de las imágenes:

- *Imagen 1 - La China "Moderna" – Shangai*
  - *http://bit.ly/1TkYPHI*
  - *Autor: François Philipp*
  - *Licencia Creative Commons: Attribution 2.0 Generic (CC BY 2.0)*
- *Imagen 2 - Plaza de Tiananmén, Beijing*
  - *http://bit.ly/216atsi*
  - *Autor: gill_penney*
  - *Licencia Creative Commons: Attribution 2.0 Generic (CC BY 2.0)*
- *Imagen 3 - Un criterio democrático que no siempre se cumple*
  - *http://bit.ly/1TkYX9T*
  - *Autor: Misko*
  - *Licencia Creative Commons: Attribution 2.0 Generic (CC BY 2.0)*
- *Imagen 4 – "Concurs de castells Tarragona 2008 68"*
  - *http://bit.ly/20XRvaH*
  - *Autor: Ferran Llorens*
  - *Licencia Creative Commons: Attribution-ShareAlike 2.0 Generic (CC BY-SA 2.0)*
- *Imagen 5 – Organigramas de Coporaciones*
  - *Autor: Manu Cornet - www.bonkersworld.net*
- *Imagen 6 - Nuevo camino hecho por los usuarios*
  - *http://bit.ly/1ok0AJ7 (modificada).*
  - *Autor: Kyle Pearce*
  - *Licencia Creative Commons: Attribution-ShareAlike 2.0 Generic (CC BY-SA 2.0)*
- *Imagen 7 - Representación de comunicación en nodos a través de la co-creación*
  - *http://bit.ly/1R5Vz0s*
  - *Autor: Justin Grimes*
  - *Licencia Creative Commons: Attribution-ShareAlike 2.0 Generic (CC BY-SA 2.0)*
- *Imagen 8 – Producción propia*
- *La Portada - Imagen de producción propia*

Sobre el autor

Es complicado definir un camino al escribir sobre mi trayectoria profesional porque hace "veintitantos" años me he graduado. Mi mayor interés y a lo que he dedicado más tiempo de vida profesional ha sido a la comunicación en todas sus facetas.

Tengo que hacer mención especial al "IE Business School" (Instituto Empresa). Mi paso por esta excelente institución educativa haciendo el máster en comunicación me ha abierto nuevos horizontes y es definitivamente un hito en mi carrera. Mis conocimientos y criterios personales están además influenciados por personas espectaculares que he tenido la suerte de conocer y por los autores de todos los libros que he tenido el gusto de leer en todos estos años. El día a día hace que sea corto el tiempo disponible para leer más pero busco horas en las madrugadas para hacerlo porque realmente me alimenta...

Actualmente soy consultor, profesor, conferenciante y colaboro además como invitado en programas de TV... Mis temas preferidos son la comunicación estratégica, la comunicación y estrategia política, la comunicación estratégica para los emprendedores, la comunicación corporativa y el marketing digital.

¡Ahhh, se me olvidaba! Mis pasiones personales son la música y la fotografía...

Javier Galue
Madrid – España
Página Web: www.javiergalue.com
Facebook: ConsejosdeJavier
Twitter: ConsejosdJavier